WISO: Sicherheit bei der neuen Rentenbesteuerung

Oliver Heuchert ist Chef vom Dienst bei WISO und Autor des WISO-Tipps. Bei Campus erschien von ihm bisher *WISO: Risiko Berufsunfähigkeit*, *WISO: Staatlich geförderte Altersvorsorge*, *WISO: Mehr Geld für Familien* und *WISO: Nebenjobs*.

Oliver Heuchert

ZDF WISO

Sicherheit bei der neuen Rentenbesteuerung

Campus Verlag
Frankfurt/New York

Bibliografische Information der Deutschen Nationalbibliothek:
Die Deutsche Nationalbibliothek verzeichnet diese Publikation in der Deutschen Nationalbibliografie. Detaillierte bibliografische Daten sind im Internet unter http://dnb.d-nb.de abrufbar.
ISBN 978-3-593-39116-8

Umschlaggestaltung: grimm.design, Düsseldorf
Umschlagmotiv: © Getty Images
Satz: Publikations Atelier, Dreieich
Druck und Bindung: Druck Partner Rübelmann, Hemsbach
Gedruckt auf Papier aus zertifizierten Rohstoffen (FSC/PEFC).
Printed in Germany

Besuchen Sie uns im Internet: www.campus.de

Inhalt

Einleitung: Klarheit schaffen

Senioren sind verunsichert, wenn sie Schlagzeilen lesen wie: »Millionen Rentner müssen Steuern nachzahlen«. Tatsächlich gelten seit 2005 härtere Steuerregeln für Rentner. Seitdem aber wurden die Senioren mit dem Problem weitgehend alleingelassen. Erst seit 2010 erhalten die Finanzämter die notwendigen Informationen und wenden sich an die betroffenen Rentner und Pensionäre. Dieses Buch verschafft Ihnen Überblick über Ihre Steuerbelastung und deren Berechnung, damit Sie Sicherheit in Sachen Steuern gewinnen, egal welche Art von Rente oder Einkünften Sie beziehen. Es macht aber auch deutlich, dass die Besteuerung der Alterseinkünfte für die jüngeren und mittelalten Jahrgänge ebenfalls ein Thema ist. Sie müssen nämlich die größte Belastung tragen. Egal welcher Generation Sie angehören, dieser Ratgeber gibt Ihnen die notwendigen Informationen an die Hand, mit denen Sie sich über Ihre Steuerbelastung im Alter klar werden.

Die Zeiten, in denen Rentner nichts mit dem Finanzamt zu tun hatten, sind vorbei. Seit 2005 schon gelten neue Regeln, die dazu führen, dass mehr Rentner Steuern zahlen müssen.

Richtig bemerkbar machen sich diese neuen Regeln aber erst seit 2010, denn Politik und Verwaltung haben fünf Jahre gebraucht, ein Melde- und Kontrollsystem aufzubauen, das die Finanzämter mit den notwendigen Informationen über die Einkünfte der Rentner und Pensionäre versorgt. Dieses System arbeitet mit den neuen persönlichen Identifikationsnummern, die im Sommer 2008 verschickt worden sind. Der steuerrechtliche Blindflug ist also beendet, deswegen wird es für die betroffenen Senioren nun ernst.

Unter den Rentnern herrscht große Unsicherheit über die Frage: Muss ich jetzt Steuern zahlen? Viele Senioren haben Angst, dass ihre Rente um Steuern gekürzt wird und dass sie vielleicht Ärger mit dem Finanzamt bekommen, weil sie in den vergangenen Jahren keine Steuererklärung abgegeben haben. Diese Befürchtungen sind nicht ganz unbegründet, denn die neuen Besteuerungsregeln gelten, wie gesagt, schon seit 2005, dem Jahr, in dem das Alterseinkünftegesetz in Kraft trat (siehe Abschnitt *Exkurs: Das Alterseinkünftegesetz*). Mit diesem Gesetz reagierte die Politik auf ein Urteil des Bundesverfassungsgerichts, das verlangt hatte, dass Renten und Pensionen gleich besteuert werden müssen. Denn bis 2004 mussten die meisten Pensionäre Steuern zahlen, aber die wenigsten Rentner. Das Alterseinkünftegesetz sorgt nun dafür, dass auch Rentner Steuern zahlen müssen. Die Steuerbelastung kommt aber nicht auf einen Schlag, sondern über einen langen Übergangszeitraum gestreckt. In dieser Phase wird die Steuerbelastung des einzelnen Rentners nach recht komplizierten Regeln bestimmt. Wie sie funktionieren, lesen Sie in diesem Buch.

Wer sich seit 2005 nicht um die Rentenbesteuerung gekümmert hat, obwohl er Steuern hätte zahlen müssen, muss mit

Sanktionen rechnen. In der Regel unterstellt man den säumigen Rentnern keine Steuerhinterziehung, es können aber eine Verzinsung und ein Verspätungszuschlag auf die Steuerschuld der letzten Jahre fällig werden. In diesem Ratgeber finden Sie alle Informationen, die Sie benötigen, um darüber Klarheit zu gewinnen, ob und wie viel Steuern Sie zu zahlen haben. Er gibt Ihnen einen umfassenden Überblick über die neuen Besteuerungsregeln.

Ein großer Teil der Senioren von heute muss auf seine Rente keine Steuern zahlen. Das ist erst einmal die gute Nachricht. Die schlechte aber lautet: Jeder Rentner muss selbst herausfinden, ob er Steuern zahlen muss. Und wenn Steuern fällig sind, muss eine Steuererklärung abgegeben werden. In Sachen Steuern werden Rentner wie Selbstständige behandelt. Auch die Rente wird nachträglich besteuert. Das heißt, sie wird erst einmal ohne Steuerabzug ausgezahlt. Im jeweiligen Folgejahr muss der betroffene Rentner eine Steuererklärung abgeben und bekommt dann einen Steuerbescheid vom Finanzamt geschickt, in dem steht, wie viel Steuern er zu zahlen hat. Veranlagungsbesteuerung nennt man das. Wer weiß, welchen Aufwand Selbstständige mit ihren Steuerangelegenheiten treiben müssen, dem ist klar, wie viel Arbeit an den Rentnern hängen bleibt, auch wenn deren Steuererklärung in der Regel natürlich weniger komplex ausfällt.

Dieses Buch schafft Sicherheit über die Frage der Rentenbesteuerung. Im ersten Kapitel *Die betroffenen Gruppen* finden Sie einen schnellen Überblick, welche Senioren es trifft und in welchem Umfang sich die neue Steuerbelastung bewegt. Hier gibt es auch Auskunft darüber, wie die mittlere und die junge Generation belastet werden. Die trifft es nämlich letztlich härter.

Das zweite Kapitel ist für die meisten Senioren das wichtigste. Hier finden Sie ausführlich dargestellt, unter welchen Bedingungen tatsächlich auf eine gesetzliche Rente, auf eine Pension oder auf eine berufsständische Rente Steuern zu zahlen sind beziehungsweise wann nicht. Die Steuerbelastung hängt von einer Vielzahl von Faktoren ab. Deswegen lässt sich nicht einfach ein einheitlicher Grenzwert nennen. Das liegt auch daran, dass die neuen Besteuerungsregeln stufenweise eingeführt werden. Deswegen gelten für die jeweiligen Neu-Rentner jedes Jahr andere Werte. Je früher Sie in Rente gehen, desto geringer fällt Ihre Steuerbelastung aus. Je später Sie aber Ihren Ruhestand beginnen, desto eher müssen Sie tatsächlich Steuern auf Ihre Rente zahlen. Im Kapitel *Besteuerung der Renten und Pensionen* finden Sie klare Orientierungsgrößen, die verständlich hergeleitet werden und mit Beispielrechnungen verdeutlicht werden.

Da es gerade die zusätzlichen Einkünfte neben der gesetzlichen Rente oder der Pension sind, die die Steuerbelastung nach oben treiben, nimmt das Kapitel *Besteuerung der zusätzlichen Alterseinkommen* breiten Raum ein. Hier liegt ein wesentlicher Grund dafür, warum die Besteuerung so kompliziert gestaltet ist. Grob zusammengefasst kann man von sechs verschiedenen Varianten ausgehen, nach denen Ihre Zusatzeinkünfte besteuert werden können. In dem Kapitel werden alle Varianten vorgestellt und erläutert, gegliedert nach der jeweiligen Einkunftsart, wie der Betriebsrente, der privaten Rente oder beispielsweise Kapitaleinkünften. Beispielrechnungen verdeutlichen auch hier die verschiedenen Besteuerungsregeln.

Zentral ist das Kapitel *Sicherheit über die eigene steuerliche Situation gewinnen*. Schließlich liegt hierin das Ziel des Buches. Wenn Sie aus den vorangegangenen Kapiteln den Schluss ziehen, dass Sie Steuern zahlen müssen oder dass Ihre Einkünfte zumindest in der Nähe der relevanten Einkommensgrenzen liegen, dann erfahren Sie hier ganz praktisch, wie Sie verbindliche Informationen über Ihren Steuerstatus erhalten sowie über die Vorgehensweisen des Finanzamts.

Diesen praktischen Teil ergänzt das Kapitel *Steuerbelastung verringern*. Hier wird erläutert, wie Sie für den Fall, dass Sie tatsächlich Steuern zahlen müssen, Ihre Belastung so weit wie möglich reduzieren. Dabei geht es um Kosten, die Sie steuerlich geltend machen können, um Ihr zu versteuerndes Einkommen zu reduzieren.

Im letzten Kapitel *Unterschiedliche Belastung der Generationen* finden Sie einen Überblick, in welchem Maße die verschiedenen Jahrgänge belastet werden. Am härtesten trifft es die mittlere Generation von heute. Sie und auch die junge Generation müssen zusätzlich fürs Alter vorsorgen, wenn sie ihren Lebensstandard halten wollen, weil sie später auf ihre Alterseinkünfte generell Steuern zahlen müssen. Auch für die rentennahen Jahrgänge ist die Besteuerung der Renten und Pensionen ein Thema, denn diese Gruppe hat noch die Möglichkeit, das ein oder andere steuerlich zu gestalten.

In allen Kapiteln finden Sie Beispielrechnungen, die die Regeln verdeutlichen. Die Rechenwege sind vereinfacht dargestellt, mit gerundeten Zahlen, damit sie verständlich bleiben. Meistens ist mit den Werten des Jahres 2010 gerechnet worden. Da die Besteuerung in vielen Fällen vom Kalenderjahr des Rentenbeginns abhängt, gelten für frühere oder spätere Renteneintritte jeweils etwas andere Werte. Trotzdem bieten die Beispielrechnungen aber eine gute Orientierung über die Größenverhältnisse, in denen sich die Besteuerung abspielt. In der Regel werden die Werte für ledige Steuerzahler berechnet. Das heißt, für gemeinsam veranlagte Ehepaare gilt normalerweise die doppelte Höhe an Einkünften bei gleicher Steuerbelastung.

Grundsätzlich geht es in diesem Buch um die Einkommensteuer. Der Solidaritätszuschlag wird genannt, wenn er fällig wird, die Kirchensteuer nicht, weil sie in den Bundesländern unterschiedlich hoch ausfällt und nicht von allen gezahlt wird. Andere Steuern, wie die Erbschaft- oder Grundsteuer werden nicht behandelt, weil für sie ganz andere Regeln gelten und sie auch von der Systemumstellung seit 2005 nicht betroffen sind.

Wichtige Begriffe des Steuerrechts

Das Steuerrecht verwendet viele Begriffe, die, obwohl es keine ausgesprochenen Fremdwörter sind, nicht unbedingt für jeden verständlich sind. So bedeutet zum Beispiel der Begriff *versteuern* nicht, dass automatisch Steuern zu zahlen sind, sondern dass geprüft wird, ob Steuern fällig werden. Dasselbe gilt für die Ausdrücke *besteuern* und *steuerpflichtig*. Entsprechend ist die grundsätzliche Aussage zu verstehen, die da lautet: Renten sind steuerpflichtig. Man findet sie auch in der Variante: Renten waren schon immer steuerpflichtig. Diese Feststellungen sind richtig, sie haben aber wenig Informationsgehalt. Sie sagen lediglich aus, dass jeweils geprüft wird, ob auf eine Rente Steuern zu zahlen sind. Dazu muss zuerst der zu versteuernde Teil der Rente ermittelt werden. Zu versteuern heißt hier, dass er zum *zu versteuernden Einkommen* gezählt wird. Eine Rente wird nämlich nur zu einem bestimmten Teil zum zu versteuernden Einkommen gerechnet. Von diesem zu versteuernden Anteil werden dann der steuerliche *Grundfreibetrag* abgezogen, die Beiträge zur Kranken- und Pflegeversicherung, der *Werbungskostenpauschbetrag* und der *Sonderausgabenpauschbetrag*. Der Rest ist Ihr *zu versteuerndes Einkommen*, auf das Sie wirklich Steuern zahlen müssen. Nach dem alten Recht, das bis 2004 galt, kam bei dieser Rechnung bei Rentnern fast immer ein Betrag heraus, der kleiner als null war. Es gab also kein zu versteuerndes Einkommen, deswegen waren auch nur sehr selten Steuern auf eine Rente zu zahlen. Da der zu versteuernde Teil der Rente 2005 deutlich angehoben wurde und für die Neu-Rentner jedes Jahr weiter steigt, kommen immer mehr Senioren bei der oben genannten Rechnung auf einen positiven Betrag. Sie haben also ein zu versteuerndes Einkommen und müssen deswegen tatsächlich Steuern zahlen.

Das *zu versteuernde Einkommen* ist der zentrale Begriff. Wenn Ihnen nach Abzug der Freibeträge und der Kosten ein zu versteuerndes Einkommen bleibt, müssen Sie Steuern zahlen. Deswegen heißt es in diesem Buch auch immer, wenn es steuerlich ernst wird, dass dieser oder jener Betrag Ihrem zu versteuernden Einkommen zufließt.

Noch einmal zur Klarheit: Wenn von *versteuern* oder *besteuern* die Rede ist, heißt das nur, dass das Finanzamt prüft, ob eventuell Steuern zu zahlen sind. Liegt dagegen ein *zu versteuerndes Einkommen* vor, sind tatsächlich Steuern fällig.

Steuerrechtlich gilt bei der Ermittlung des zu versteuernden Einkommens folgende Reihenfolge: Ein Steuerzahler hat Einnahmen. Von diesen Einnahmen zieht er seine Ausgaben, also seine Kosten ab. Das Ergebnis sind seine Einkünfte. Ganz wichtig: Steuerlich werden Einnahmen erst durch den Abzug der Kosten zu Einkünften. Wenn Kosten steuerlich geltend gemacht werden, spricht man auch vom Absetzen der Kosten. Von der Steuer absetzen heißt, Beträge von den Einnahmen abziehen, sodass die Einkünfte geringer ausfallen und so auch die Steuerbelastung sinkt.

Das Finanzamt zählt die Einkünfte aus den verschiedenen Einkunftsarten zusammen. Also Renten, Pensionen, Lohn, Gehalt, aber auch Gewinne aus selbstständiger Arbeit, aus einem Gewerbe oder aus der Landwirtschaft. Auch Zinseinkünfte und Einkünfte aus Vermietung werden dazugezählt. Von diesen Einkunftsarten zieht das Finanzamt jeweils bestimmte Freibeträge ab, beispielsweise den *Versorgungsfreibetrag* und seinen Zuschlag von Pensionen. Wenn nicht höhere Kosten geltend gemacht werden, berechnet das Amt jeweils einen *Werbungskostenpauschbetrag*. Das Ergebnis dieser Rechnung ist die *Summe der Einkünfte*.

Von der *Summe der Einkünfte* zieht das Finanzamt eventuell den *Altersentlastungsbetrag* ab, wenn der Steuerzahler 65 Jahre oder älter ist. Für Jüngere kann der Entlastungsbetrag für Alleinerziehende relevant sein. Auch Land- und Forstwirte können hier einen Freibetrag geltend machen.

Durch den Abzug dieser Freibeträge hat das Finanzamt den *Gesamtbeitrag der Einkünfte* ermittelt. Von dem Gesamtbetrag gehen noch die Versicherungsbeiträge, der *Sonderausgabenpauschbetrag* und die *außergewöhnlichen Belastungen* ab, sodass das steuerliche *Einkommen* vorliegt. Von dem werden eventuell noch die Kinderfreibeträge und der Ausbildungsfreibetrag abgezogen, sowie die Beiträge zu einem Riester-Vertrag. Das Ergebnis ist dann endlich das zu versteuernde Einkommen.

Auf das zu versteuernde Einkommen wird die tatsächliche Steuerbelastung berechnet. Von der so ermittelten Steuerschuld können noch Anteile der Ausgaben für haushaltsnahe Dienst- oder Handwerkerleistungen abgezogen werden und außerdem noch eventuell vorausgezahlte Steuern. Dieses Ergebnis müssen Sie dann wirklich als Einkommensteuer an den Fiskus zahlen. Hinzu kommen der Solidaritätszuschlag und gegebenenfalls die Kirchensteuer, beides Zuschlagsteuern, die sich an der Höhe der Einkommensteuer bemessen. Sie sehen, es ist ein weiter Weg von dem Geld, das man monatlich überwiesen bekommt, bis zur Steuerbelastung, die daraus resultiert.

Die betroffenen Gruppen

Die neue Besteuerung der Renten und Pensionen trifft viele Senioren, aber längst nicht alle. Deswegen ist es für den einzelnen Ruheständler wichtig zu wissen, ob er zu einer der betroffenen Gruppen zählt. Im folgenden Kapitel erhalten Sie dazu einen schnellen Überblick. Zu den Betroffenen gehören Senioren mit einer hohen gesetzlichen Rente, Senioren mit zusätzlichen Einkünften neben der Rente oder Pension und Rentner, deren Ehepartner noch arbeitet. Außerdem sind die Mittelalten und die Jungen betroffen. Ihre Rente wird im Alter voll belastet, während nicht alle ihre Rentenversicherungsbeiträge steuerfrei sind.

Wenn Sie sich die Frage stellen, ob Sie auf Ihre Rente Steuern zahlen müssen, kommen Sie am schnellsten zu einem Überblick, wenn Sie prüfen, inwieweit Sie zu den drei folgenden Gruppen gehören. Senioren mit einer hohen gesetzlichen Rente müssen tatsächlich Steuern zahlen. Wer neben seiner gesetzlichen Rente eine Zusatzrente bezieht oder andere Einkünfte hat, muss in vielen Fällen ebenfalls Steuern zahlen. Schließlich sind diejenigen betroffen, die mit einem Arbeitnehmer verheiratet sind, der auf seinen Lohn oder sein Gehalt

Steuern zahlt. Diese Ehepaare müssen durch die strengere Besteuerung der gesetzlichen Rente insgesamt mehr Steuern zahlen. Wenn man über den Kreis der Senioren hinausblickt, gibt es noch eine vierte Gruppe, die betroffen ist: die mittelalten und jüngeren Arbeitnehmer von heute. Sie erwartet im Alter eine hohe Steuerbelastung. Denn die Besteuerung verschärft sich mit jedem neuen Rentnerjahrgang. Das sollten die Arbeitnehmer von heute bei der Planung ihrer Altersversorgung unbedingt berücksichtigen.

Senioren mit hohen gesetzlichen Renten

Die gute Nachricht gleich vorweg: Wer im Monat eine gesetzliche Rente von 1 000 Euro oder weniger hat und keine weiteren Einkünfte bezieht, muss keine Steuern zahlen. Senioren, die eine gesetzliche Rente zwischen 1 000 und 1 500 Euro erhalten und sonst keine anderen Einkommen haben, müssen genauer hinschauen, ob sie Steuern zahlen müssen. Wer dagegen mehr als 1 500 Euro gesetzliche Rente im Monat hat, muss dem Fiskus davon etwas abgeben, auch wenn er sonst keine weiteren Einkünfte hat. Diese Grenzwerte sind für ledige Rentner berechnet. Für Ehepaare gelten jeweils die doppelten Beträge, also bis 2 000 Euro Monatsrente keine Steuerbelastung, bis 3 000 Euro kommt es möglicherweise zu Steuerzahlungen, während ab 3 000 Euro Rente im Monat auf jeden Fall Steuern fällig sind.

Das sind grobe Orientierungspunkte. Insbesondere wer zwischen 1 000 und 1 500 Euro Rente im Monat hat, muss genauer rechnen. Die Besteuerung der gesetzlichen Rente hängt nämlich wesentlich vom Kalenderjahr ab, in dem die Rentenzahlung begonnen hat. Alle die vor 2006 in Rente gegangen sind, haben die geringste Belastung. Hier sind wirklich nur Senioren betroffen, die mehr als 1 500 Euro Rente im Monat haben und selbst diese Grenze ist noch mit einem Puffer gerechnet. Für diese Rentnerjahrgänge bleibt es auch bei diesen Grenzen. Für diejenigen aber, die später in den Ruhestand gegangen sind, liegt die Grenze niedriger. Die neuen Rentner von 2010 müssen beispielsweise Steuern zahlen, wenn sie knapp 1 400 Euro Monatsrente beziehen. Auch diese Grenze bleibt dem Neu-Rentnerjahrgang von 2010 bis zum Lebensende erhalten. Wer dagegen 2015 das erste Mal eine gesetzliche Rente erhält, wird schon vom Fiskus belangt, wenn er rund 1 100 Euro monatlich hat. Diese Zahlen sind mit den Werten von 2010 gerechnet. Kleinere Veränderungen sind nicht auszuschließen, wenn es beispielsweise zu einer Steuerreform kommt. Die Grenze sinkt aber auf jeden Fall für jeden Neu-Rentnerjahrgang weiter ab. Senioren, die 2020 in den Ruhestand gehen, werden auf eine gesetzliche Rente von weniger als 1 000 Euro pro Monat Steuern zahlen müssen.

Im Kapitel *Besteuerung der Renten und Pensionen* im Abschnitt *Steuerrelevante Einkommensgrenzen der gesetzlichen Renten* wird umfassend dargestellt, wie diese Werte zustande kommen werden. Hier wird ausführlich berechnet, dass ein Senior, der seit 2010 1 500 Euro Rente im Monat bezieht, rund 130 Euro Einkommensteuer im Jahr zahlen muss. An diesem Beispiel können Sie gut erkennen, dass die Steuerbelastung bei höheren gesetzlichen Renten tatsächlich greift, dass sie sich aber in einem überschaubaren Rahmen abspielt. Über die Zeit hin betrachtet müssen Sie bedenken, dass mögliche Rentenerhöhungen Sie natürlich näher an den Bereich bringen, in dem Steuern zu zahlen sind. Das gilt besonders für die Senioren, die mit ihrer gesetzlichen Rente knapp unter den Einkommensgrenzen liegen. Ihnen kann es passieren, dass sie im Laufe der Zeit über die Grenze rutschen und dann doch Steuern zahlen müssen. Ähnliches gilt für den Fall, dass Sie neben Ihrer Altersrente noch eine Hinterbliebenenrente beziehen. Diese beiden Leistungen werden zwar zum Teil miteinander verrechnet, ihre Kombination führt allerdings trotzdem zu höheren Einkünften.

Senioren mit Zusatzrenten und weiteren Einkünften

Wer eine Betriebsrente bezieht oder eine private Zusatzrente, höhere Zinseinnahmen hat, Mieten einnimmt oder andere zusätzliche Einkünfte hat, muss in vielen Fällen Steuern zahlen. Solche Rentner trifft die Besteuerung härter als solche, die nur eine gesetzliche Rente haben, auch wenn sie beide auf ähnliche Gesamteinkünfte kommen. Das hat zur Folge, dass ausgerechnet diejenigen, die für das Alter zusätzlich vorgesorgt haben, steuerlich mehr belastet werden. Das liegt noch nicht einmal an der Besteuerung der Zusatzrenten selbst, sondern an der verschärften Besteuerung der gesetzlichen Rente. Diese Verschärfung hat einen regelrechten Fahrstuhleffekt ausgelöst. Bis 2004 wurde die gesetzliche Rente nur nach dem *Ertragsanteil* besteuert (siehe im Kapitel *Besteuerungsanteil* den Abschnitt *Vom Ertragsanteil zum Besteuerungsanteil*). Der lag beispielsweise bei 27 Prozent, wenn man mit 65 Jahren in Rente gegangen ist. Nur dieser Anteil wurde steuerlich betrachtet. Der Rest blieb außen vor. Durch das Alterseinkünftegesetz wurde dieser Anteil auf mindestens 50 Prozent erhöht und nun als *Besteuerungsanteil* bezeichnet (siehe Abschnitt *Exkurs: Das Alterseinkünftegesetz*). Jetzt werden also nicht mehr nur 27 Prozent der gesetzlichen Rente zum zu versteuernden Einkommen gerechnet, sondern 50 Prozent oder mehr. Der Besteuerungsanteil steigt nämlich für jeden neuen Rentnerjahrgang. So liegt er bei einem Rentenbeginn 2010 schon bei 60 Prozent. Durch diese Ausdehnung des zu besteuernden Anteils werden andere Einkünfte regelrecht nach oben gedrückt. Dadurch steigt der Gesamtbetrag der zu versteuernden Einkünfte über den *Grundfreibetrag* hinaus, der nicht besteuert werden darf, sodass in vielen Fällen wirklich Steuern zu zahlen sind. Deswegen wirkt das Altereinkünftegesetz wie ein Fahrstuhl auf das zu versteuernde Einkommen.

Fahrstuhleffekt

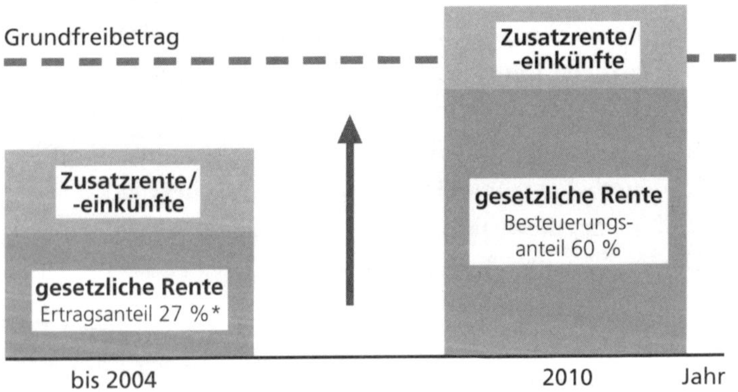

* Bei Renteneintritt mit 65 Jahren.

Die Besteuerung der betrieblichen oder privaten Renten oder auch der Einkünfte aus Zinsen oder Mieten blieb zwar weitgehend unverändert, in der Summe aber werden die Freibeträge häufig überschritten, weil von der gesetzlichen Rente ein größerer Teil zum zu versteuernden Einkommen gezählt wird.

Wie oben beschrieben, müssen Senioren, die 2010 in den Ruhestand gegangen sind und nur eine gesetzliche Rente beziehen, bis zu einer Grenze von knapp 1 400 Euro monatlich keine Steuern zahlen. Wenn nun im Vergleich dazu ein Senior lediglich 1 000 Euro gesetzliche Rente im Monat hat, aber zusätzlich 400 Euro Mieteinkünfte monatlich erzielt, kommt er zusammen auch nur auf 1 400 Euro. Dieser Rentner muss aber Steuern zahlen, nämlich rund 175 Euro im Jahr, wenn er mindestens 65 Jahre alt ist. Ist er jünger, liegt seine Steuerbelastung sogar bei rund 440 Euro. An diesem Vergleich sieht man sehr anschaulich, dass Senioren mit demselben Einkommen steuerlich unterschiedlich behandelt werden, weil sich ihre Einkünfte anders zusammensetzen. Hier ist der Senior, der nur eine gesetzliche Rente bezieht, selbst wenn sie etwas höher ausfällt, im Vorteil gegenüber einem Rentner, der eine geringere gesetzliche Rente erhält, dazu aber noch weitere Einkünfte hat.

Unterschiedliche Steuerbelastung desselben Einkommensbetrags

Die Zusatzrenten und die anderen Einkünfte werden nicht einheitlich besteuert. So werden die Mieteinkünfte genauso wie die geförderte Altersversorgung (Riester Rente) am härtesten besteuert. Im Mittelfeld liegen die Werkspensionen und die Kapitaleinkünfte. Das gilt auch für die Beamtenpensionen. Am wenigsten steuerlich belastet sind die privaten ungeförderten Renten und ungeförderte Betriebsrenten, die von Pensionskassen gezahlt werden. Die Einzelheiten der jeweiligen Steuerregeln erfahren Sie im Kapitel *Besteuerung der zusätzlichen Alterseinkommen*. Um Ihnen einen Eindruck für die steuerliche Belastung der gesetzlichen Renten in Kombination mit Zusatzrenten oder anderen Einkünften zu geben, wird im Folgenden die unterschiedliche Steuerbelastung desselben Betrags an Einkommen aufgelistet, je nachdem wie sich die Einkünfte zusammensetzen.

Angenommen, ein lediger Senior wird 2010 65 Jahre alt und geht im selben Jahr in den Ruhestand. Er bezieht eine hohe gesetzliche Rente von 1 500 Euro im Monat und außerdem Zusatzeinkünfte in Höhe von 400 Euro. Dann sieht seine steuerliche Belastung je nach Art des Zusatzeinkommens so aus:

- Am geringsten fällt die Belastung aus, wenn er die 400 Euro in Form einer ungeförderten Betriebsrente von einer Pensionskasse bezieht. Dann muss er rund 140 Euro im Jahr Einkommensteuer zahlen.
- An zweiter Stelle steht die Kombination mit einer ungeförderten privaten Rente. Hier sind rund 270 Euro im Jahr an Steuern fällig.
- Auf Platz drei kommt die Steuerbelastung der Kombination aus gesetzlicher Rente und einer ungeförderten Werkspension, einer Betriebsrente also, die von der alten Firma gezahlt wird. In dieser Konstellation müssen 410 Euro Einkommensteuer gezahlt werden.
- Hat der Senior neben seiner gesetzlichen Rente eine geförderte Betriebsrente, muss er insgesamt rund 570 Euro im Jahr zahlen.

- Ähnlich hoch fällt die Belastung aus, wenn er neben seiner gesetzlichen Rente 400 Euro Kapitaleinkünfte im Monat hat.
- Teurer wird es, wenn er neben seiner gesetzlichen Rente eine Basisrente bezieht. Dann sind mehr als 650 Euro im Jahr Einkommensteuer fällig.
- Die höchste Steuerbelastung muss er tragen, wenn er seine gesetzliche Rente mit einer Riester-Rente oder mit Mieteinkünften kombiniert. Dann sind jeweils 740 Euro Steuern im Jahr zu zahlen.

Diese Werte gelten für Ledige. Für gemeinsam veranlagte Ehepaare gelten, grob gesagt, die doppelten Einkommensbeträge, aber die gleichen Steuerbelastungen, denn dann gilt die Splittingtabelle.

Sie sehen, die Steuerbelastung fällt sehr unterschiedlich aus. In dem Beispiel reicht die Spanne von 140 Euro bis zu 740 Euro im Jahr an Einkommensteuer, und das alles, wie gesagt, beim jeweils gleichen Bruttoeinkommen.

Achtung!
Die Steuerbelastung Ihrer Alterseinkünfte kann beim gleichen Einkommen sehr unterschiedlich ausfallen, je nachdem, wie sich Ihre Einkünfte zusammensetzen.

Für Senioren, die vor 2010 in Rente gegangen sind, fällt die jeweilige Belastung etwas geringer aus. Wer später in den Ruhestand geht, muss mit etwas mehr Steuern rechnen. Die Steuerbelastung der Betriebsrenten fällt auch deswegen relativ gering aus, weil sie stark mit Sozialabgaben belastet sind, die wiederum von der Steuer abgesetzt werden können.

Besteuerungsvarianten

Trotz der gleichen Einkommenshöhe kommt es zu unterschiedlicher Steuerbelastung, weil für die einzelnen Arten von Zusatzrenten und -einkünften verschiedene Besteuerungsregeln gelten. Das macht die Berechnung der Steuerbelastung so kompliziert. Wenn man aber die einzelnen Regeln kennt, fällt es deutlich leichter, die unterschiedliche Steuerbelastung nachzuvollziehen. Man kann folgende sechs Besteuerungsvarianten unterscheiden.

- *Ertragsanteil* Ungeförderte private Renten, ungeförderte Betriebsrenten von Pensionskassen und aus Direktversicherungen sowie der größte Teil der Zusatzversorgung im öffentlichen Dienst werden nach dem Ertragsanteil besteuert. Es wird nicht die gesamte Rente zum zu versteuernden Einkommen gerechnet, sondern nur der Ertragsanteil. Dieser Anteil richtet sich nach dem Alter bei Renteneintritt. Bei einem Rentenbeginn mit beispielsweise 65 Jahren wird ein Ertragsanteil von 18 Prozent zugeordnet. Der Ertragsanteil fällt in der Regel recht niedrig aus, deswegen ist die Besteuerung nach dem Ertragsanteil die günstigste.
- *Besteuerungsanteil* Die gesetzliche Rente und die Basisrente werden nach dem Besteuerungsanteil besteuert. Es wird nicht die gesamte Rente zum zu versteuernden Einkommen gerechnet, sondern nur der Besteuerungsanteil. Dieser Anteil richtet sich nach dem Kalenderjahr, in dem die Rente beginnt. Er liegt zum Beispiel für Neu-Rentner

von 2010 bei 60 Prozent. Der Besteuerungsanteil bringt eine mittlere Steuerbelastung. Sie steigt allerdings für jeden neuen Rentnerjahrgang.

- *Versorgungsfreibetrag* Bei der Besteuerung von Beamtenpensionen und Werkspensionen kann der Versorgungsfreibetrag und der Zuschlag zum Versorgungsfreibetrag geltend gemacht werden. Eine Pension zählt ansonsten voll zum zu versteuernden Einkommen. Das bringt eine mittlere Steuerbelastung, die aber für jeden neuen Jahrgang steigt, weil der Versorgungsfreibetrag und sein Zuschlag für die Neu-Pensionäre schrittweise abgebaut werden.
- *Sparerpauschbetrag* und *Altersentlastungsbetrag* Wer Zinsen und andere Kapitaleinkünfte einnimmt, kann den Sparerpauschbetrag und gegebenenfalls den Altersentlastungsbetrag (ab dem 64. oder 65. Lebensjahr) geltend machen. Abgesehen von den beiden Freibeträgen zählen Kapitaleinkünfte voll zum zu versteuernden Einkommen. So kommt eine mittlere Steuerbelastung zustande. Wenn der Altersentlastungsbetrag noch nicht geltend gemacht werden kann, fällt sie allerdings höher aus. Durch die Abgeltungsteuer ist sie wiederum auf höchstens 25 Prozent begrenzt (zuzüglich Solidaritätszuschlag und eventuell Kirchensteuer).
- *Arbeitnehmerpauschbetrag* und *Altersentlastungsbetrag* Bei der Besteuerung von Lohn und Gehalt können der Arbeitnehmerpauschbetrag und gegebenenfalls der Altersentlastungsbetrag (ab dem 64. oder 65. Lebensjahr) geltend gemacht werden. Ansonsten zählen Lohn und Gehalt voll zum zu versteuernden Einkommen. Das bringt eine mittlere bis hohe Steuerbelastung. Wer Kosten über den Ar-

beitnehmerpauschbetrag hinaus geltend macht, kann seine Belastung verringern.

- *Altersentlastungsbetrag* Wer weder auf eine Anteilsbesteuerung noch auf den Versorgungsfreibetrag Anspruch hat, kann den Altersentlastungsbetrag geltend machen. Das betrifft die Riester-Rente, die geförderte Betriebsrente und Mieteinkünfte. Dazu muss der Senior allerdings mindestens 64 oder 65 Jahre alt sein. Ansonsten zählen die genannten Einkünfte voll zum zu versteuernden Einkommen. Das bringt eine hohe Steuerbelastung. Außerdem wird auch der Altersentlastungsbetrag für die jeweiligen Neu-Rentner stufenweise abgeschmolzen, sodass die Belastung von Jahrgang zu Jahrgang steigt.

Rentner, die mit einem Erwerbstätigen verheiratet sind

Es ist ein ganz alltäglicher Sachverhalt. Ein Ehepartner geht in Rente, der andere ist etwas jünger und arbeitet noch ein paar Jahre. Solche Ehepaare müssen durch die neuen Besteuerungsregeln mehr Steuern zahlen. Wenn eine mittlere Rente und ein durchschnittliches Einkommen zusammenkommen, kann die Mehrbelastung im Vergleich zum alten Recht leicht 1 000 Euro im Jahr betragen. Es geht also durchaus um Beträge, die wehtun. Da tröstet es nur wenig, dass das Problem zeitlich begrenzt ist. Denn früher oder später wird auch der zweite Ehepartner in den Ruhestand gehen, sodass die Steuerbelastung sinkt, weil die gesetzliche Rente weniger hart besteuert wird als Lohn und Gehalt.

Die höhere Steuerbelastung solcher Ehepaare kommt letztlich aus demselben Grunde zustande wie die der Zusatzrenten. Auch hier kommt es zu einem Fahrstuhleffekt. Dadurch, dass die gesetzliche Rente stärker besteuert wird, steigt das zu versteuernde Einkommen, sodass mehr Steuern fällig werden. Dabei ist klar, dass diese Ehepaare meist auch früher schon Steuern gezahlt haben, allein schon wegen der Belastung von Lohn und Gehalt. Durch das Alterseinkünftegesetz müssen sie jetzt aber mehr ans Finanzamt zahlen. Das heißt, sie verschlechtern sich finanziell.

Künftige Steuerbelastung der Erwerbstätigen von heute

Neben den drei Seniorengruppen, die zusätzlich Steuern zahlen müssen, sind die mittelalten und die jüngeren Erwerbstätigen von heute betroffen. Sie werden auf ihre spätere gesetzliche Rente Steuern zahlen müssen, wenn auch je nach Jahrgang unterschiedlich viel. Denn das Alterseinkünftegesetz entfaltet eine regelrechte Kalender-Dynamik: Je später jemand in den Ruhestand geht, desto mehr muss er von seiner gesetzlichen Rente versteuern und desto geringer fallen Freibeträge (Versorgungsfreibetrag, Altersentlastungsbetrag) aus, die seine Steuerbelastung gegebenenfalls verringern.

Grob gegliedert heißt das: Wer Mitte oder Ende der fünfziger Jahre des vergangenen Jahrhunderts geboren wurde, wird auf seine gesetzliche Rente Steuern zahlen müssen. Das gilt insbesondere für diejenigen, die höhere Renten beziehen. Die künftigen Rentner, die in den sechziger Jahren geboren wurden, werden fast alle Steuern zahlen müssen, je nach Höhe der Bezüge und dem genauen Geburtsjahr auch höhere Beträge. Wer in den siebziger Jahren des vergangenen Jahrhunderts oder später geboren wurde, muss seine gesetzliche Rente voll versteuern. Dann bleiben nur noch sehr niedrige Renten steuerfrei. Alle anderen müssen Steuern zahlen, das können leicht auch höhere Beträge sein. Diese Steuerbelastung sollte bei der Planung der Altersversorgung unbedingt berücksichtigt werden. Die mittelalten und die jüngeren Erwerbstätigen von heute werden durch die Besteuerung von ihrer Rente netto weniger haben als die heutigen Rentner.

Achtung!
Alle Arbeitnehmer, die nach 1955 geboren wurden, und alle gesetzlich rentenversicherten Selbstständigen sollten beim Aufbau ihrer Altersvorsorge auf jeden Fall an die Steuerbelastung im Alter denken.

Die Belastung der mittleren und der jüngeren Generation wird durch ein weiteres Problem verschärft. Da die Beiträge zur gesetzlichen Rentenversicherung erst ab 2025 vollständig steuerfrei gestellt werden, kommt es in vielen Fällen zu einer Doppelbesteuerung. Das heißt, auf der einen Seite werden auf einen Teil der Rentenversicherungsbeiträge bis 2025 Steuern gezahlt, während auf der anderen Seite die Renten nahezu vollständig oder wirklich komplett zum zu versteuernden Einkommen gezählt werden. Dadurch wird Geld, das erst an die gesetzliche Rentenversicherung gezahlt wird und später als Rente wieder ausgezahlt wird, zweimal mit Steuern belastet.

Das Problem der Doppelbesteuerung haben insbesondere die Geburtsjahrgänge der siebziger Jahre und außerdem die rentenversicherten Selbstständigen, weil sie in der Vergangenheit ihre Beiträge nur beschränkt von der Steuer absetzen konnten (siehe Abschnitt *Doppelbesteuerungsproblematik*).

Besteuerung der Renten und Pensionen

Die gesetzliche Rente wird seit 2005 strenger besteuert. Deswegen können Rentner heute nicht mehr davon ausgehen, dass sie mit dem Finanzamt nichts zu tun haben. Die Renten der berufsständischen Versorgungswerke sind im selben Maße betroffen. Bei Beamtenpensionen gibt es kleinere Verschärfungen. Für diese drei Hauptalterseinkünfte gilt: Die Steuerbelastung nimmt von Jahrgang zu Jahrgang zu. Wer heute in den Ruhestand geht, wird weniger belastet als die künftigen Rentner und Pensionäre. Nur ganz wenige Renten müssen nicht versteuert werden. Im folgenden Kapitel wird ausführlich erläutert, wie Ihre Hauptrente oder -pension besteuert wird.

Die meisten Senioren in Deutschland leben von einer gesetzlichen Rente, von einer Pension oder von einer Rente aus einem berufsständischen Versorgungswerk. Viele von ihnen beziehen noch eine oder vielleicht sogar mehrere Zusatzrenten, manche haben zusätzliche Einkünfte aus Geldanlagen oder Immobilien. Die gesetzliche Rente oder die Pension ist aber für fast alle Senioren die wichtigste Einkunftsquelle. Deswegen wird ihre Besteuerung in diesem Kapitel ausführlich dargestellt. Die wesentlichen Veränderungen wurden an der Besteuerung der gesetzlichen Rente vorgenommen.

Steuern auf die gesetzliche Rente

Die Neuregelung der Besteuerung der Alterseinkünfte betrifft in erster Linie die gesetzliche Rente, auch wenn es in vielen Fällen erst durch die Kombination mit zusätzlichen Alterseinkünften zu einer tatsächlichen Steuerbelastung kommt. Die entscheidenden Veränderungen wurden aber an der Besteuerung der gesetzlichen Rente vorgenommen. Abgesehen davon ist die gesetzliche Rente das mit Abstand am weitesten verbreitete Alterseinkommen. Die meisten Senioren leben hauptsächlich von der gesetzlichen Rente.

Neben der Altersrente können Invalide eine Erwerbsminderungsrente gezahlt bekommen und Witwen, Witwer und (Halb-)Waisen eine Hinterbliebenenrente. Alle drei gesetzlichen Renten werden von der Deutschen Rentenversicherung gezahlt. So heißen mittlerweile alle Träger der gesetzlichen Rentenversicherung. Bis 2005 hießen sie Bundesversicherungsanstalt für Angestellte (BfA) oder Landesversicherungsanstalt (LVA). Außerdem gab es noch die Bundesknappschaft, die Seekasse und die Versicherungsanstalt der Bahn. Die alten Bezeichnungen finden sich zum Teil noch im Namenszusatz. So heißt beispielsweise die frühere LVA Hessen nun Deutsche Rentenversicherung Hessen. Insgesamt beziehen rund 20 Millionen Personen in Deutschland eine gesetzliche Rente. Was Sie zusätzlich über die Besteuerung der gesetzlichen Erwerbsminderungsrente und der Hinterbliebenenrente wissen müssen, erfahren Sie im Abschnitt *Besteuerungsanteil* in den Unterabschnitten *Erwerbsminderungsrenten* und *Hinterbliebenenrenten.*

In den Steuerformularen ist die gesetzliche Rente relativ schnell erledigt. Die gesetzliche Rente wird nachträglich versteuert. Die möglichen Steuern werden also nicht jeden Monat einbehalten, wie Sie das vielleicht noch vom Lohnsteuerverfahren in Ihrer Zeit als Arbeitnehmer her kennen, sondern im Folgejahr veranlagt. Das heißt, wenn der Besteuerungsanteil Ihrer Rente mit oder ohne zusätzliche Einkünfte über dem Grundfreibetrag liegt, müssen Sie eine Steuererklärung abgeben.

In den Steuerformularen müssen Sie in der Anlage R in der Zeile *Rentenbetrag* Ihre Bruttojahresrente angeben. Den genauen Betrag finden Sie in dem Schreiben der Deutschen Rentenversicherung, das mit *Mitteilung zur Leistung aus der gesetzlichen Rentenversicherung* überschrieben ist. Hier steht, was Sie monatlich beziehungsweise jährlich an Rente bekommen. In der Zeile *Betrag für die Steuererklärung* steht der Wert, den Sie in das Steuerformular eintragen müssen. Wenn es vergangenes Jahr zum 1. Juli eine Rentenerhöhung gegeben hat, müssen Sie diese ebenfalls in der Anlage R eintragen: in der Zeile *Rentenanpassungsbetrag.* Den genauen Wert finden Sie im Schreiben zur Rentenanpassung, das Ihnen die Deutsche Rentenversicherung im vergangenen Mai oder Juni zugeschickt hat. Es geht hier um den Eurobetrag, um den Ihre gesetzliche Rente zum vergangenen Juli erhöht worden ist. Wenn Sie mit diesen Angaben allein nicht klarkommen, können Sie bei der Deutschen Rentenversicherung auch eine *Mitteilung zur Vorlage beim Finanzamt* anfordern. Hier finden Sie genau die Angaben, die Sie in das Steuerformular der Anlage R eintragen müssen. Dieses Schreiben bekommen Sie allerdings nicht automatisch zugeschickt, sondern Sie müssen es formlos anfordern.

WISO rät

Die Deutsche Rentenversicherung bietet mit der »Mitteilung zur Vorlage beim Finanzamt« eine Ausfüllhilfe.

In der Anlage R stehen Ihnen oben drei Spalten zur Verfügung, für den Fall, dass Sie mehrere Renten beziehen. In eine der Spalten müssen Sie die Angaben zu Ihrer gesetzlichen Rente machen. Um sie entsprechend zu kennzeichnen, müssen Sie eine 1 oben in der Spalte eintragen. Die Eins steht für *Leibrenten aus gesetzlichen Rentenversicherungen.*

Wie Sie sehen, ist das Ausfüllen der Formulare zur gesetzlichen Rente recht unkompliziert. Bevor Sie aber ein Steuerformular zur Hand nehmen, sollte Ihnen klar sein, ob Sie überhaupt Steuern auf Ihre gesetzliche Rente zu zahlen haben und wenn ja wie viel. Sonst lohnt sich der ganze Aufwand nicht. Das folgende Kapitel erklärt Ihnen kurz und bündig, wie Sie die Steuerbelastung Ihrer gesetzlichen Rente abschätzen können. Es ist ein klassischer Dreisprung: Das Alterseinkünftegesetz hat als zentralen Wert der Rentenbesteuerung den sogenannten Besteuerungsanteil eingeführt, aus dem Besteuerungsanteil wird der Rentenfreibetrag berechnet. Aus beiden Werten lässt sich die Einkommensgrenze ermitteln, ab der Bezieher einer gesetzlichen Rente tatsächlich Steuern zahlen müssen.

Dreh- und Angelpunkt der neuen Steuerregeln ist, wie gesagt, der Besteuerungsanteil. Er ist der maßgebliche Wert, nach dem Ihre Steuerbelastung berechnet wird, egal ob es sich um eine gesetzliche Altersrente, eine gesetzliche Erwerbsminderungsrente oder eine gesetzliche Hinterbliebenenrente handelt.

Besteuerungsanteil

Der Besteuerungsanteil nach § 22 Nummer 1 Satz 3 a) aa) des Einkommensteuergesetzes (EStG) gibt an, wie viel von Ihrer gesetzlichen Rente der Besteuerung unterworfen wird. Denn nur der Besteuerungsanteil zählt zum zu versteuernden Einkommen. Der Rest bleibt außen vor und interessiert das Finanzamt nicht. Für ältere Rentner beträgt der Besteuerungsanteil 50 Prozent. Das heißt, wenn beispielsweise eine gesetzliche Rente über 1 000 Euro brutto im Monat gezahlt wird, werden nur 500 Euro zum zu versteuernden Einkommen gezählt. Die anderen 500 Euro bleiben unberücksichtigt.

Der Besteuerungsanteil von 50 Prozent gilt für alle Rentner, die vor 2006 in den Ruhestand gegangen sind. Für sie bleibt es bis zum Lebensende bei diesem Besteuerungsanteil. Senioren aber, deren Rente später begonnen hat oder noch beginnen wird, müssen einen höheren Besteuerungsanteil hinnehmen. Der Anteil richtet sich jeweils nach dem Kalenderjahr, in dem die Rente zum ersten Mal bezogen wird. Die Rentner, die 2006 zum ersten Mal eine gesetzliche Rente bezahlt bekamen, haben den Besteuerungsanteil von 52 Prozent zugeordnet bekommen. Bei einer monatlichen Bruttorente von beispielsweise 1 000 Euro beträgt ihr Besteuerungsanteil 520 Euro. Das heißt, 480 Euro werden nicht berücksichtigt, 520 Euro aber werden zum zu versteuernden Einkommen gezählt. Den

Besteuerungsanteil, den man als Neu-Rentner zugeteilt bekommen hat, behält man bis zum Tod. Der Anteil wird nicht in den Steuerformularen vermerkt, denn er wird vom Finanzamt auf Basis des Renteneintrittsdatums berechnet.

Für jeden Neu-Rentnerjahrgang wird der Besteuerungsanteil bis 2020 um 2 Prozentpunkte pro Jahr angehoben. Wer also 2010 in Rente geht, muss mit einem Besteuerungsanteil von 60 Prozent klarkommen. Ein Neu-Rentner des Jahres 2010, der eine gesetzliche Rente von 1 000 Euro brutto im Monat gezahlt bekommt, hat einen Besteuerungsanteil von 600 Euro. Diese 600 Euro zählen zu seinem zu versteuernden Einkommen. Bei ihm bleiben nur noch 400 Euro unberücksichtigt. Wer 2020 das erste Mal eine gesetzliche Rente bezieht, erhält einen Besteuerungsanteil von 80 Prozent. Von einer 1 000-Euro-Bruttorente im Monat müssen dann 800 Euro versteuert werden, und nur noch 200 Euro bleiben außen vor. Für jeden Rentnerjahrgang gibt es folglich bis 2040 eigene Besteuerungswerte. Ein Jahrgang umfasst ungefähr 1,3 Millionen Neu-Rentner. Wenn Sie wissen, in welchem Kalenderjahr Sie in Rente gehen werden beziehungsweise schon gegangen sind, können Sie in der Tabelle ablesen, welcher Besteuerungsanteil für Sie gilt.

Besteuerungsanteil für die jeweiligen Neu-Rentner

Renteneintritt im Jahr	Besteuerungs-anteil in Prozent	Renteneintritt im Jahr	Besteuerungs-anteil in Prozent
2005	50	2006	52
2007	54	2008	56
2009	58	2010	60

Renteneintritt im Jahr	Besteuerungsanteil in Prozent	Renteneintritt im Jahr	Besteuerungsanteil in Prozent
2011	62	2012	64
2013	66	2014	68
2015	70	2016	72
2017	74	2018	76
2019	78	2020	80
2021	81	2022	82
2023	83	2024	84
2025	85	2026	86
2027	87	2028	88
2029	89	2030	90
2031	91	2032	92
2033	93	2034	94
2035	95	2036	96
2037	97	2038	98
2039	99	2040	100

In der Tabelle können Sie erkennen, dass der Besteuerungsanteil in den Jahren nach 2020 für jeden Neu-Rentnerjahrgang jeweils um 1 Prozentpunkt steigt, sodass er 2030 bei 90 Prozent liegt und ab 2040 bei 100 Prozent. Wer seine gesetzliche Rente zum ersten Mal 2040 oder später bezieht, muss sie komplett versteuern, sie zählt dann voll und ganz zum zu versteuernden Einkommen. Das ist das Ziel des Alterseinkünftegesetzes. In diesem System ist die Zeit von 2005 bis 2039 nur eine Übergangsphase, um die Rentner und die älteren Arbeitnehmer von heute nicht zu schnell zu belasten. Deswegen wurde mit einem Besteuerungsanteil von 50 Prozent ein relativ niedriger Einstieg gewählt, sodass nur ein kleinerer Teil der heutigen Rentner tatsächlich Steuern zahlen muss. Dafür müssen die mittleren und die jüngeren Jahrgänge von heute mit einer erheblichen Steuerbelastung im Alter rechnen, die für viele auch zu einer Doppelbesteuerung führt (siehe Abschnitt *Doppelbesteuerungsproblematik*). Wer Mitte oder Ende der fünfziger Jahre des vergangenen Jahrhunderts geboren wurde, muss damit rechnen, dass er einen Teil seiner Altersbezüge wieder verliert, weil er im Alter Steuern zahlen muss. Das gilt umso mehr für die Geburtsjahrgänge der sechziger Jahre, die im Alter noch mehr Steuern zahlen müssen. Wer in den siebziger Jahren oder später geboren wurde, erreicht die höchste Steuerbelastung im Alter. Das lässt sich in der folgenden Grafik gut erkennen.

Entwicklung des Besteuerungsanteils

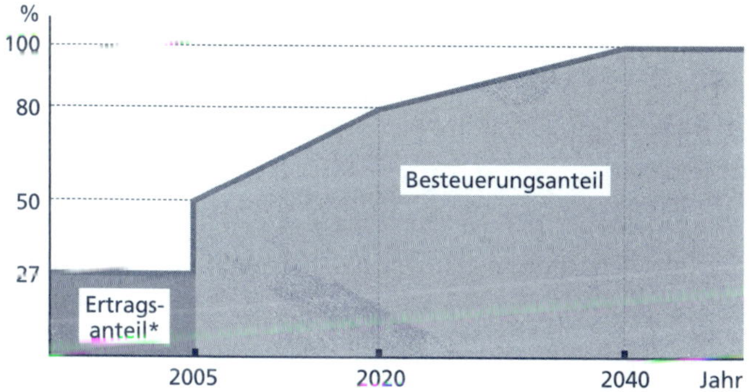

* Bei Renteneintritt mit 65 Jahren.

Aus der Tabelle und der Grafik oben können Sie leicht ablesen, dass die Steuerbelastung der einzelnen Rentnerjahrgänge von Jahr zu Jahr steigt. Je früher Sie in Rente gehen, desto niedriger ist Ihr Besteuerungsanteil, desto geringer ist Ihre Steuerbelastung. Wenn Sie deswegen überlegen, vorzeitig in den Ruhestand zu gehen, müssen Sie allerdings bedenken, dass Ihre Rente dann wegen des vorgezogenen Beginns gekürzt wird (siehe Abschnitt *Rentenbeginn wählen*).

Vom Ertragsanteil zum Besteuerungsanteil

In der Grafik fällt auf, dass der Besteuerungsanteil 2005 sprunghaft angestiegen ist. Das liegt an der Systemumstellung, die in diesem Jahr durch das Alterseinkünftegesetz erfolgte. Bis einschließlich 2004 wurden die gesetzlichen Renten nach dem sogenannten Ertragsanteil besteuert. Dieser Ertragsanteil richtete sich nach dem Renteneintrittsalter. Es kam also, anders als beim Besteuerungsanteil heute, nicht auf das Kalenderjahr an, in dem die Rente begann, sondern auf das Alter des Neu-Rentners. Wer beispielsweise mit 65 Jahren in Rente ging, bekam den Ertragsanteil von 27 Prozent zugewiesen. Wer schon mit 60 Jahren in den Ruhestand trat, erhielt einen Ertragsanteil von 32 Prozent. Je früher die Rente begann, desto höher lag der Ertragsanteil, weil man die Rente dann umso länger bezog. Der Ertragsanteil stellt eine fiktive Verzinsung der Rentenversicherungsbeiträge dar. Nach altem Recht wurde eine jährliche Verzinsung von 5,5 Prozent angenommen. Man unterstellte beispielsweise einem 65-Jährigen eine restliche Lebenserwartung von 14 Jahren, die den Sterbetafeln von 1986/88 entnommen wurde. Seit 2005 spielt der Ertragsanteil, bis auf eine Ausnahme, für die gesetzliche Rente keine Rolle mehr. Nur für private und bestimmte betriebliche Renten gilt nach wie vor die Besteuerung nach dem Ertragsanteil, der 2005 allerdings neu berechnet wurde (siehe Abschnitt *Exkurs: Das Alterseinkünftegesetz*).

Die frühere Besteuerung der gesetzlichen Rente durch den Ertragsanteil hatte letztlich zur Folge, dass Senioren, die nur eine gesetzliche Rente bezogen, in der Regel keine Steuern zu zahlen hatten. Denn ein Rentner, der zum Beispiel eine Rente von 1 000 Euro brutto bezog, musste davon nur 270 Euro zu seinem zu versteuernden Einkommen zählen. Die restlichen 730 Euro blieben außen vor. Die zwei Millionen Rentnerhaushalte, die bereits vor 2005 Steuern zahlen mussten, hatten in der Regel zusätzliche Einkünfte, die im Endeffekt die tatsächliche Steuerbelastung auslösten.

Es gilt bei der Umstellung vom Ertrags- auf den Besteuerungsanteil, wie gesagt, eine Ausnahme und zwar für Rentner, die besonders hohe Beiträge eingezahlt haben. Sie können für einen Teil ihrer Rente nach wie vor den Ertragsanteil nutzen, was zu einer geringeren Steuerbelastung führt. Normalerweise werden die Beiträge zur gesetzlichen Rentenversicherung nur auf Lohn oder Gehalt bis zur sogenannten Beitragsbemessungsgrenze fällig. Was man darüber hinaus verdient, bleibt beitragsfrei. Wer aber trotzdem Beiträge auf Lohn und Gehalt oberhalb der Beitragsbemessungsgrenze eingezahlt hat, kann nun eine Öffnungsklausel nutzen und muss den Teil der Rente, der auf den überhöhten Beiträgen beruht, nur nach dem Ertragsanteil versteuern. Dazu müssen diese Beiträge allerdings in der Zeit vor 2005 und mindestens zehn Jahre lang eingezahlt worden sein. Diese Konstellation dürfte unter gesetzlich Rentenversicherten nur selten anzutreffen sein, umso mehr, da es nur bis 1997 überhaupt möglich war, Beiträge für Gehalt oberhalb der Beitragsbemessungsgrenze einzuzahlen. Häufiger zahlen dagegen Versicherte der berufsständischen

Versorgungswerke solch hohe Beiträge, also etwa Ärzte oder Rechtsanwälte. Deswegen finden Sie die ausführliche Darstellung der Öffnungsklausel auch im entsprechenden Abschnitt (siehe Abschnitt *Steuern auf die Renten von berufsständischen Versorgungswerken*).

Sonderfälle

Der Besteuerungsanteil, der Ihnen zu Beginn Ihrer Rente zugewiesen wird, bleibt Ihnen, wie ausgeführt, bis zu Ihrem Lebensende erhalten. Auch wenn sich der Beginn Ihrer Rente verzögert, etwa weil Sie sich mit der Deutschen Rentenversicherung darüber streiten, ob und wann Sie eine Rente gezahlt bekommen, ist es letztlich entscheidend, ab welchem Kalenderjahr Sie Anspruch auf die Rente haben beziehungsweise gehabt haben. Das heißt, selbst wenn Sie die Rente für die ersten Jahre nachträglich gezahlt bekommen, zählt das Kalenderjahr, ab dem Sie einen Rentenanspruch hatten, nicht das Jahr, in dem dann endlich gezahlt wurde. Darauf sollten Sie achten, denn im Steuerrecht gilt ansonsten das sogenannte Zuflussprinzip, wonach versteuert wird, wenn das Geld gezahlt wird. Und je später Ihr Rentenbeginn verortet wird, desto eher müssen Sie Steuern zahlen.

Übrigens sind Zinsen, die Sie auf Rentennachzahlungen erhalten, nach Auffassung des Bundesfinanzhofs Einkünfte aus Kapitalvermögen (Az. VIII R 36/05). Nach dieser Entscheidung vom 13. November 2007 müssen Sie die Zinsen also nicht zu Ihrer Rente zählen. Kapitaleinkünfte wiederum sind innerhalb des Sparerpauschbetrags steuerfrei. Nur wenn Sie den jährlichen Sparerpauschbetrag bereits ausgenutzt haben, sind dann doch Steuern fällig.

Mehrere Renten

Wenn es um einen möglichst geringen Besteuerungsanteil geht, hilft eine grundsätzliche Regel: Wenn unterschiedliche Renten direkt nacheinander bezogen werden, bleibt es auch bei der zweiten Rente beim Besteuerungsanteil, der für die erste Rente zugeteilt wurde. Durch diese Regelung wird vermieden, dass der Rentner durch den Wechsel in eine andere Rentenart steuerlich stärker belastet wird. Nur wenn es zwischen dem Bezug der ersten Rente und dem Bezug der zweiten Rente zu einer Lücke kommt, wird neu gerechnet. Dann wird aber immer noch die Laufzeit der ersten Rente vom Besteuerungsanteil der zweiten Rente abgezogen, der dann entsprechend geringer ausfällt (siehe das Beispiel auf Seite 44). Auf diese Kombinationsregel sollten Sie insbesondere achten, wenn Sie eine Erwerbsminderungsrente oder eine Hinterbliebenenrente gezahlt bekommen.

Erwerbsminderungsrenten

Wenn Sie also beispielsweise eine gesetzliche Erwerbsminderungsrente beziehen, die dann direkt in eine gesetzliche Altersrente übergeht, behalten Sie den niedrigen Besteuerungsanteil, den Sie für die Erwerbsminderungsrente zugewiesen bekommen hatten.

Beispiel

Wenn Sie ab 2006 eine Erwerbsminderungsrente bezogen haben, hat man Ihnen einen Besteuerungsanteil von 52 Prozent zugeordnet. Wenn Sie 2012 in die Altersrente wechseln, steigt der Besteuerungsanteil nicht auf 64 Prozent wie bei Neu-Rentnern dieses Jahres, sondern Sie behalten Ihren Besteuerungsanteil von 52 Prozent aus dem Jahr 2006.

Diese Regel gilt auch, wenn Sie nach einer befristeten Erwerbsminderungsrente eine weitere Invalidenrente beziehen, solange die Renten ineinander übergehen. Komplizierter wird es, wenn zwischen dem Bezug der Erwerbsminderungsrente und der Altersrente eine Lücke liegt, in der keine Rente bezogen wird. In diesem Fall wird ein fiktiver Rentenbeginn berechnet. Vom Kalenderjahr des Rentenbeginns der zweiten Rente wird die Bezugszeit der ersten Rente abgezogen. Auf diese Weise wird der zweite Rentenbeginn steuerrechtlich vorgezogen.

Beispiel

Sie haben von 2006 bis 2008 drei Jahre lang eine Erwerbsminderungsrente bezogen. Sie gehen aber erst 2011 in Altersrente. Für dieses Jahr würde man Ihnen normalerweise einen Besteuerungsanteil von 62 Prozent zuweisen. Da Sie aber zuvor drei Jahre lang eine gesetzliche Erwerbsminderungsrente bezogen haben, wird für Ihre Altersrente ein fiktiver Rentenbeginn berechnet, nämlich aus 2011 minus drei Jahre, also 2008.

2011 – 3 Jahre = 2008

Für Neu-Rentner des Jahres 2008 gilt ein Besteuerungsanteil von 56 Prozent und so bekommen Sie diesen Anteil zugewiesen. Sie sparen also 6 Prozentpunkte.

Diese Regelung kann Ihren Besteuerungsanteil aber nur bis auf 50 Prozent senken. Das liegt auch daran, dass Renten, deren Bezug vor 2005 beendet worden ist, nicht mitzählen. Das heißt, wenn Sie Ihre erste Rente in einem Zeitraum bis 2004 bezogen haben, wird sie nicht berücksichtigt. Beziehen Sie dann eine zweite Rente, werden Sie wie ein ganz normaler Neu-Rentner behandelt. Sie bekommen den Besteuerungsanteil des Kalenderjahres zugewiesen, in dem Ihre zweite Rente beginnt.

Die Übernahme des alten Besteuerungsanteils auf die neue Rente kann also ein Vorteil für Erwerbsminderungsrentner sein, muss es aber nicht. Auf jeden Fall hat die Systemumstellung ab 2005 den Beziehern von gesetzlichen Erwerbsminderungsrenten ganz grundlegend eine Verschärfung der Besteuerung gebracht. Denn bis 2004 galt für Erwerbsminderungsrenten und auch für gesetzliche Berufs- oder Erwerbsunfähigkeitsrenten nach altem Recht eine Besteuerung nach einem gesonderten Ertragsanteil für abgekürzte Leibrenten, und der fiel relativ niedrig aus. Wer beispielsweise seine Erwerbsminderungsrente für zehn Jahre bezog, bekam einen Ertragsanteil von 19 Prozent zugeordnet. Je länger die Laufzeit, desto höher war der Ertragsanteil. Aber selbst für eine Bezugszeit von 20 Jahren lag er nur bei 35 Prozent. Diese Regeln gelten seit 2005 nicht mehr. Seitdem müssen auch Invalide den Besteuerungsanteil ihrer gesetzlichen Renten zu ihrem zu versteuernden Einkommen rechnen, also mindestens 50 Prozent. Denn die Erwerbsminderungsrenten werden genauso behandelt wie die Altersrenten oder die Hinterbliebenenrenten. Diesen Nachteil haben besonders Invalide zu spüren bekommen, die noch andere Einkünfte haben oder die mit einem Arbeitnehmer verheiratet sind. Hier wurde kein Bestandsschutz gewährt. Für alle Invalidenrenten wurde die Besteuerung vom gesonderten Ertragsanteil auf den viel höheren Besteuerungsanteil umgestellt.

Hinterbliebenenrenten

Die Übernahme des alten Besteuerungsanteils kann auch für Hinterbliebenenrenten genutzt werden. Verstirbt ein Ehepartner oder Elternteil, bevor er oder sie eine Rente bezogen hat, richtet sich der Besteuerungsanteil nach dem Kalenderjahr des Beginns der Hinterbliebenenrente. Hat der Verstorbene aber bereits eine Rente erhalten, wird es steuerlich günstiger. Dann übernehmen die Hinterbliebenen den Besteuerungsanteil, den der Verstorbene bei seinem Renteneintritt zugewiesen bekommen hat.

Beispiel

Ihr Ehepartner geht 2006 in Altersrente und bekommt einen Besteuerungsanteil von 52 Prozent zugewiesen. 2010 verstirbt Ihr Ehepartner und Sie erhalten deswegen eine Hinterbliebenenrente. Für diese Leistung bekommen Sie nicht den Besteuerungsanteil der Neu-Rentner des Jahres 2010 über 60 Prozent zugeordnet, sondern Sie behalten den Besteuerungsanteil Ihres verstorbenen Ehepartners von 52 Prozent.

Das gilt für alle Hinterbliebenenleistungen der gesetzlichen Rentenversicherung, also für Witwen- und Witwerrenten, für Halb- oder Vollwaisenrenten und für Erziehungsrenten. Letztere werden für geschiedene Hinterbliebene gezahlt, die minderjährige Kinder betreuen. Wenn die Witwe oder der Witwer wieder heiratet, bekommt sie oder er nach § 107 SGB VI eine

Abfindung auf die Hinterbliebenenrente ausgezahlt. Diese Leistung ist nach § 3 Nummer 3 a) EStG steuerfrei. Wird die neue Ehe geschieden, kann die Hinterbliebenenrente wieder aufleben. Hier gilt dann wieder der alte Besteuerungsanteil aus dem ersten Bezug der Hinterbliebenenrente.

Wenn der Hinterbliebene seinerseits eine eigene Alters- oder Erwerbsminderungsrente bezieht, gilt für diese Leistung ganz normal der Besteuerungsanteil des Kalenderjahrs des Beginns dieser Rente. Die Hinterbliebenenrente spielt dann keine Rolle, weil sie an die Rente des Verstorbenen gekoppelt war, nicht an die Rente des Hinterbliebenen.

Rentenfreibetrag

Der Besteuerungsanteil ist die wesentliche Größe, wenn Sie sich fragen, wie Ihre gesetzliche Rente besteuert wird. Wenn der Besteuerungsanteil nach dem Kalenderjahr des Rentenbeginns, wie oben geschildert, festgelegt worden ist, wird er aber nicht direkt zur Berechnung der Steuerbelastung eingesetzt. Stattdessen wird auf Basis des Besteuerungsanteils der sogenannte Rentenfreibetrag errechnet. Zuerst wird ermittelt, wie viel gesetzliche Rente Sie im Kalenderjahr zu versteuern haben. Dazu wird Ihr Einkommen mit dem Besteuerungsanteil multipliziert. Das Ergebnis wird wiederum von Ihrer Gesamtrente des Jahres abgezogen. Die Differenz ist der Rentenfreibetrag in Euro. Er ist sozusagen das Gegenstück zum Besteuerungsanteil. Der Besteuerungsanteil gibt an, welcher Teil Ihrer Rente zum zu versteuernden Einkommen gerechnet wird, der Rentenfreibetrag ist der dagegen der Teil Ihrer Rente, der in Sachen Steuern außen vor bleibt. Der Besteuerungsanteil ist ein Prozentwert, der Rentenfreibetrag aber ist ein Geldbetrag in Euro.

Im ersten Jahr Ihres Rentenbezugs hat die Berechnung des Rentenfreibetrags keine praktische Auswirkung. In der Regel bezieht man auch nur einige Monate des ersten Kalenderjahres eine Rente, wenn sie nicht zufälligerweise zum 1. Januar beginnt. Im Folgejahr aber wird der Rentenfreibetrag berechnet. Für das zweite Kalenderjahr des Rentenbezugs wird nochmals festgestellt, wie viel gesetzliche Rente Sie bezogen haben. Das heißt, auch eine eventuelle Rentenerhöhung zum 1. Juli wird mitberechnet. Die Gesamtrente des zweiten Jahres wird mit dem Besteuerungsanteil multipliziert. Das Ergebnis wird von Ihrer Gesamtrente abgezogen. Die Differenz ist der Rentenfreibetrag in Euro. Dieser Betrag wird nun bis zu Ihrem Lebensende als Freibetrag festgeschrieben. Das Einkommensteuergesetz nennt den Rentenfreibetrag den steuerfreien Teil der Rente.

Beispiel

Sie sind im September 2008 in den Ruhestand gegangen, sind ledig und leben in Westdeutschland. Ihre gesetzliche Rente beträgt 1 000 Euro brutto. Da Ihre Rente 2008 begonnen hat, haben Sie den Besteuerungsanteil von 56 Prozent zugeordnet bekommen. 2008 erhalten Sie in vier Monaten jeweils 1 000 Euro Rente, also 4000 Euro. Dieser Betrag wird mit 56 Prozent multipliziert. Das Ergebnis sind 2 240 Euro. Dieser Betrag zählt zu Ihrem zu versteuernden Einkommen. Ob und wie viel Steuern Sie für 2008 zahlen müssen, hängt von Ihren anderen Einkünften ab, die Sie 2008 sonst noch hatten, also etwa noch Lohn und Gehalt bis August oder andere Einkünfte.

1 000 Euro monatliche Bruttorente × 4 Monate	= 4 000 Euro
4 000 Euro Rente in 2008 × 56 %	= 2 240 Euro
zählen zum zu versteuernden Einkommen	

Das erste Rentnerjahr ist meistens noch von anderen Einkünften geprägt. Im Folgejahr aber steht die gesetzliche Rente im Mittelpunkt. Sie beziehen von Januar bis Juni 2009 jeweils 1 000 Euro Rente im Monat. Zum 1. Juli wird Ihre Rente um 2,41 Prozent erhöht. Deswegen beziehen Sie von Juli bis Dezember 2009 monatlich 1.024 Euro Rente. Die Renten, die Sie 2009 bezogen haben, werden zusammengezählt. Das sind gerundet 12 145 Euro. Von dieser Gesamtrente des Jahres werden 56 Prozent ausgerechnet, also der Besteuerungsanteil. Er beträgt rund 6 800 Euro. Dieser Besteuerungsanteil wird von der Gesamtrente abgezogen. Die Differenz sind gerundet 5 345 Euro. Diese 5 345 Euro sind Ihr persönlicher Rentenfreibetrag.

1 000 Euro monatliche Rente × 6 Monate	= 6 000 Euro
1 024 Euro monatliche Rente × 6 Monate	= 6 145 Euro
Bruttojahresrente (6 000 Euro + 6 145 Euro)	= 12 145 Euro

12 145 Euro × 56 %	= 6 800 Euro
Rentenfreibetrag (12 145 Euro – 6 800 Euro)	= 5 345 Euro

Der Rentenfreibetrag über 5 345 Euro wird Ihnen jetzt jedes Jahr bei der steuerlichen Betrachtung von Ihrer Rente abgezogen. Der Rest zählt zu Ihrem zu versteuernden Einkommen.

Der Rentenfreibetrag lässt sich auch anders berechnen. Wenn Sie Ihren Besteuerungsanteil, also beispielsweise 56 Prozent, von 100 Prozent abziehen, erhalten Sie den Rentenfreibetrag als Prozentwert. Im Beispiel sind das 44 Prozent. Wenn Sie dann die Gesamtrente des Jahres mit 44 Prozent multiplizieren, kommen Sie im Beispiel gerundet ebenfalls auf 5 345 Euro. Sie müssen diese Berechnung nicht selbst durchführen. Das macht das Finanzamt. Sie müssen in Ihrer Steuererklärung, wenn sie denn notwendig ist, nur die Bruttorente des Jahres eintragen und die Rentenanpassung zum vergangenen Juli.

Egal aber, wer den Rentenfreibetrag berechnet, er hat einen wesentlichen Nachteil. Er gilt als fester Betrag bis zu Ihrem Lebensende. Das heißt, künftige Rentenerhöhungen zählen zu 100 Prozent zum zu versteuernden Einkommen. Denn anders als ein prozentualer Anteil wächst der Rentenfreibetrag in Euro nicht mit der Rente mit. Deswegen kann es Ihnen durchaus passieren, dass Sie am Anfang Ihrer Rentenzeit erst einmal keine Steuern zahlen müssen, später aber doch, weil die Rentenanpassungen Ihr Einkommen erhöhen, sodass dann Steuern fällig werden. Das Problem tritt vor allem dann auf, wenn Sie zu Beginn Ihres Ruhestands nur knapp steuerfrei bleiben und wenn es zu größeren Rentenerhöhungen kommt.

Ist Ihr persönlicher Rentenfreibetrag einmal festgelegt, bleibt er Ihnen in den meisten Fällen während des gesamten Rentenbezugs erhalten. Die Rentenanpassungen zum Juli eines Jahres haben, wie gesagt, keinen Einfluss auf die Höhe des Rentenfreibetrags. Nur wenn Ihre Rente aus anderen Gründen erhöht oder gekürzt wird, muss auch der Rentenfreibetrag angepasst werden. Wenn Sie also beispielsweise im Laufe Ihres Rentenbezugs neue, zusätzliche Einkünfte erzielen, die Ihnen auf Ihre gesetzliche Rente angerechnet werden, wird auch Ihr Rentenfreibetrag verringert und zwar im selben Verhältnis wie die Höhe Ihrer Rente reduziert worden ist.

Umgekehrt kann es sein, dass Ihre Rente erhöht wird, sodass auch Ihr Rentenfreibetrag angehoben wird. Das ist beispielsweise der Fall, wenn Sie invalide werden, aber anfangs nur eine halbe Erwerbsminderungsrente erhalten. Wenn sich dann später Ihr Gesundheitszustand verschlechtert und Sie eine volle Erwerbsminderungsrente bekommen, wird auch Ihr Rentenfreibetrag verdoppelt. Ihr Rentenfreibetrag kann außerdem geändert werden, wenn Sie einen neuen Besteuerungsanteil zugewiesen bekommen.

Das heißt, wenn sich an Ihrer Rente nichts grundlegend ändert, bleiben die beiden wichtigen Berechnungsgrundlagen, nämlich der Besteuerungsanteil und der Rentenfreibetrag immer gleich. Nur wenn sich bei der Höhe Ihrer Rente etwas grundsätzlich ändert oder Sie eine ganz neue Rente erhalten, sollten Sie nachrechnen, damit Sie die Besteuerung auch nachvollziehen können.

Achtung!
Rechnen Sie nach und prüfen Sie Ihre Steuerbelastung, wenn die Höhe Ihrer Rente außerhalb der regelmäßigen Anpassungen zum 1. Juli geändert wurde.

Steuerrelevante Einkommensgrenzen der gesetzlichen Renten

Die zentrale Frage, die sich alle Rentner in Deutschland wegen der neuen Gesetze stellen, lautet: Muss ich Steuern zahlen? Diese Frage lässt sich, solange Sie nur eine gesetzliche Rente beziehen, relativ einfach beantworten. Sie können von folgender Faustformel ausgehen: Wenn gut die Hälfte Ihrer jährlichen Bruttorente kleiner ist als der steuerliche Grundfreibetrag, müssen Sie keine Steuern zahlen. Das gilt derzeit noch für die Mehrheit der Rentner. Es wird nur gut die Hälfte Ihrer Rente betrachtet, weil ja, wie oben geschildert, nur der Besteuerungsanteil für das Finanzamt eine Rolle spielt. Von diesem zu besteuernden Anteil wird der Grundfreibetrag abgezogen. Nur wenn dann noch Einkommen übrig bleibt, müssen Sie tatsächlich Steuern zahlen. Deswegen ist der steuerliche Grundfreibetrag für die meisten Rentner die entscheidende Größe des Steuerrechts, wenn es um die Frage geht: Steuern zahlen oder nicht?

> **WISO rät**
> Orientieren Sie sich am Grundfreibetrag.

Grundfreibetrag

Der Grundfreibetrag ist das Geld, das jeder Bürger einnehmen darf, ohne dass Steuern fällig werden. Denn der steuerliche Grundfreibetrag steht für das Existenzminimum und das darf nicht besteuert werden. Es ist für den Staat sozusagen tabu. Der Grundfreibetrag beträgt 8 004 Euro im Jahr (Stand 2010). 2009 waren es 7 834 Euro, von 2005 bis 2008 waren es jeweils 7 664 Euro jährlich. Alle Ledigen, die ein zu versteuerndes Einkommen von 8 004 Euro oder weniger haben, müssen keine Steuern zahlen. Erst wer ein höheres Einkommen hat, wird vom Finanzamt zur Kasse gebeten. Für Ehepaare, die steuerlich zusammen veranlagt werden, gilt der doppelte Betrag, also 16 008 Euro im Jahr.

Berechnung der Einkommensgrenzen

Die Faustformel: »Gut die halbe Jahresrente muss geringer oder genauso hoch sein wie der steuerliche Grundfreibetrag« ist natürlich nur eine Überschlagsrechnung. Zudem gilt sie nur für Senioren, die in den ersten Jahren nach Inkrafttreten des Alterseinkünftegesetzes 2005 in Rente gegangen sind oder gehen. Denn ab 2015 liegt der Besteuerungsanteil für Neu-Rentner so hoch, dass die Faustformel nicht mehr funktioniert. Wenn Sie die Einkommensgrenze für Ihre Rente genauer ermitteln wollen, müssen Sie etwas mehr rechnen. Für eine nähere Betrachtung müssen weitere Werte berücksichtigt werden. Denn Sie können Ihre Beiträge zur Kranken- und Pflegeversicherung von der Steuer absetzen und außerdem den Werbungskostenpauschbetrag geltend machen. Dabei ist zu beachten, dass Rentner den vollen Beitragssatz zur gesetzlichen Pflegeversicherung zahlen müssen, also Arbeitnehmer- und Arbeitgeberanteil.

Für eine genauere Berechnung Ihrer Steuerbelastung zählen Sie zuerst Ihre monatlichen Renten eines Jahres zusammen. Diese jährliche Bruttorente multiplizieren Sie mit Ihrem Besteuerungsanteil. Von dem Ergebnis ziehen Sie mehrere Positionen ab: Ihre Beiträge zur Krankenversicherung, Ihre Beiträge zur Pflegeversicherung, den Werbungskostenpauschbetrag über 102 Euro und den Sonderausgabenpauschbetrag in Höhe von 36 Euro. Dabei werden die Versicherungsbeiträge auf Basis der Bruttorente berechnet. Das Ergebnis vergleichen Sie mit dem Grundfreibetrag. Liegt es niedriger, müssen Sie keine Steuern zahlen. Ist es höher, müssen Sie Steuern zahlen, wenn Sie nicht noch höhere Kosten geltend machen können (siehe Kapitel *Steuerbelastung verringern*).

Beispiel

Sie sind ledig und zum 1. Januar 2010 in den Ruhestand gegangen. Sie bekommen eine gesetzliche Rente von 1 360 Euro im Monat gezahlt. Die Rentenanpassung zum 1. Juli bleibt der Einfachheit halber unberücksichtigt.

1 360 Euro monatliche Rente	× 12 Monate	=	16 300 Euro Brutto-Rente pro Jahr

Die gerundeten 16 300 Euro Bruttojahresrente werden mit dem Besteuerungsanteil der Neu-Rentner des Jahres 2010 multipliziert, also mit 60 Prozent.

16 300 Euro × 60 % = 9 780 Euro Besteuerungsanteil

Da Sie im ersten Rentenjahr noch keinen Rentenfreibetrag zugewiesen bekommen, wird weiter mit dem Besteuerungsanteil gerechnet. Von den 9 780 Euro werden die Pauschbeträge und die Beiträge zur Kranken- und Pflegeversicherung abgezogen.

	9 780 Euro	Besteuerungsanteil
–	102 Euro	Werbungskostenpauschbetrag
–	36 Euro	Sonderausgabenpauschbetrag
–	1 288 Euro	Krankenkassenbeitrag*
–	318 Euro	Pflegeversicherungsbeitrag**
=	8 036 Euro	zu versteuerndes Einkommen

* Bei einem Krankenkassenbeitragssatz von 7,9 % (Eigenanteil)

** Bei einem Pflegeversicherungsbeitragssatz von 1,95 % (ohne Kinderlosenzuschlag)

Mit einem zu versteuernden Einkommen von 8 036 Euro müssen Sie 2010 nach dem Grundtarif 4 Euro Einkommensteuer zahlen. Sie sehen, dass die Steuerbelastung an der Grenze von knapp 16300 Euro gesetzliche Rente im Jahr sehr niedrig beginnt. Das liegt daran, dass der Grundfreibetrag über 8004 Euro nicht besteuert werden darf. Wenn man von den 8036 Euro die 8004 Euro abzieht, bleiben 32 Euro. Die Steuerbelastung wird auf Basis dieser 32 Euro berechnet.

Auch dieses Beispiel ist nur eine angenäherte Berechnung. Das Finanzamt ermittelt Ihr zu versteuerndes Einkommen über einen anderen Rechenweg. Die Berechnung bietet Ihnen aber eine gute Orientierung, wenn Sie wissen wollen, ob Sie Steuern auf Ihre Rente zu zahlen haben oder nicht. Die Pauschbeträge gelten übrigens immer voll, auch wenn Sie Ihre Rente erst später im Jahr angetreten haben. Die Berechnung gilt nur für das erste Rentenjahr. Im Folgejahr kann die Einkommensgrenze leicht ansteigen, wenn es zu einer Rentenerhöhung kommt, die dann bei der Berechnung des Rentenfreibetrags berücksichtigt wird. In dem Beispiel können Sie gut erkennen, dass die Einkommensgrenze auch von den Beiträgen zur Kranken- und zur Pflegeversicherung abhängig ist. Werden diese Beiträge erhöht oder gesenkt, fällt auch die Einkommensgrenze anders aus.

Für die ledigen Neu-Rentner des Jahres 2010 liegt die Einkommensgrenze, ab der tatsächlich Steuern zu zahlen sind, nach dem Grundtarif bei ungefähr 16300 Euro Bruttorente im Jahr. Das sind, wie oben ausgeführt, rund 1360 Euro im Monat. Für Ehepaare liegt die Grenze nach dem Splittingtarif doppelt so hoch, also bei 32600 Euro Bruttojahresrente beziehungsweise gut 2700 Euro Monatsrente. Vorausgesetzt, dass Sie nur die gesetzliche Rente beziehen und sonst keine weiteren Einkünfte haben. Beziehen Sie noch andere Renten oder haben Sie noch andere Einkünfte, liegt die Grenze niedriger (siehe Kapitel *Besteuerung der zusätzlichen Alterseinkommen*).

Da sich der Besteuerungsanteil nach dem Kalenderjahr des Renteneintritts richtet, liegen die Grenzen für Senioren, die früher in Rente gegangen sind, höher, für Senioren, die später in den Ruhestand gehen, aber niedriger. Für die einzelnen Jahre ergeben sich folgende gerundete Werte. Für Ehepaare gelten, wie geschildert, die doppelten Beträge.

Einkommensgrenze für ledige Neu-Rentner

Rentenbeginn	Besteuerungsanteil in Prozent	Gesetzliche Rente pro Monat, ab der Steuern gezahlt werden müssen, in Euro (gerundet)	Gesetzliche Rente pro Jahr, ab der Steuern gezahlt werden müssen, in Euro (gerundet)
bis 2005	50	1550	18600
2006	52	1500	18000
2007	54	1450	17400
2008	56	1400	16800
2009	58	1380	16600
2010	60	1360	16300
2011	62	1310*	15700*
2012	64	1260*	15100*
2013	66	1210*	14500*
2014	68	1170*	14000*
2015	70	1130*	13600*

* Geschätzt, berechnet auf Basis der Werte von 2010

Die Tabelle zeigt, dass die Einkommensgrenze für die jeweiligen Neu-Rentner jedes Jahr um rund 50 Euro fällt, was die monatliche Bruttorente angeht. Betrachtet man die Jahresrenten sind es rund 600 Euro, um die die Grenze pro Jahr sinkt. In den Jahren 2009 und 2010 ist sie etwas weniger stark gefallen, weil der Grundfreibetrag im Zuge der Konjunkturpakete zweimal erhöht wurde. Da die künftigen Steuertarife nicht bekannt sind, ist es nicht sinnvoll, die Tabelle weit in die Zukunft fortzuschreiben. Außerdem ist die Einkommensgrenze auch von den Beiträgen zur Kranken- und Pflegeversicherung abhängig, die sich verändern können. Erkennbar ist aber, dass um 2020 auch ein Neu-Rentner mit 1000 Euro Monatsrente vom Fiskus zur Kasse gebeten wird. Ab ungefähr dem Jahr 2025 werden Neu-Rentner mit einer Monatsrente von 750 Euro tatsächlich Steuern zahlen müssen. In den weiteren Jahren wird die Grenze, ab der auf die gesetzliche Rente als einziges Einkommen im Alter tatsächlich Steuern gezahlt werden müssen, nicht viel weiter fallen, denn der steuerliche Grundfreibetrag bildet die definitive Untergrenze. Bei einem Grundfreibetrag von 8004 Euro im Jahr (Stand 2010) wären das knapp 670 Euro Monatsrente. Wer eine Rente bis zu dieser Höhe bezieht, bleibt langfristig, auch als Neu-Rentner, vom Fiskus verschont. Dabei handelt es sich aber um sehr geringe Renten, wenn man berücksichtigt, dass durch die Inflation die Kaufkraft einer solchen Rente in den zwanziger Jahren dieses Jahrhunderts deutlich geringer ausfallen wird als etwa 2010.

Durch Rentenerhöhungen, so angenehm sie eigentlich sind, können Rentner über die Einkommensgrenze rutschen und müssen tatsächlich Steuern zahlen. Denn genauso wie die Einkommensgrenze ein fester Betrag in Euro ist, wird auch der Rentenfreibetrag in einem unveränderbaren Eurobetrag ausgewiesen (siehe Abschnitt *Rentenfreibetrag*). Ein Rentner, der beispielsweise 2007 in den Ruhestand gegangen ist und ausschließlich eine gesetzliche Rente von 1 440 Euro im Monat bezieht, musste im ersten und zweiten Jahr seines Ruhestands keine Steuern zahlen. Durch die Rentenerhöhung 2009 um 2,41 Prozent in Westdeutschland und 3,38 Prozent in Ostdeutschland rutscht er aber über die Einkommensgrenze, sodass er Steuern zahlen muss. Das heißt, besonders Rentner, die die oben genannten Einkommensgrenzen nur knapp unterschreiten, müssen damit rechnen, früher oder später doch Steuern zahlen zu müssen. Diese Steuerbelastung wird sich aber in Grenzen halten. Knapp oberhalb der Einkommensgrenze werden keine größeren Steuerbeträge fällig.

Achtung!

Rentner, die am Anfang ihres Ruhestands noch keine Steuern zahlen müssen, aber nur knapp unter der jeweiligen Einkommensgrenze bleiben, müssen damit rechnen, dass sie später, im Laufe ihres Ruhestands doch etwas Steuern zahlen müssen.

Wenn Sie dagegen von vornherein eine hohe gesetzliche Rente beziehen, müssen Sie in den meisten Fällen sowieso Steuern zahlen. Das zeigt folgende Beispielrechnung mit einer hohen gesetzlichen Rente.

Beispiel

Sie sind ledig und zum 1. Januar 2010 in den Ruhestand gegangen. Sie bekommen eine gesetzliche Rente von 1 500 Euro im Monat gezahlt. Die Rentenanpassung zum 1. Juli bleibt der Einfachheit halber unberücksichtigt.

1 500 Euro monatliche Rente	×	12 Monate	=	18 000 Euro Bruttorente pro Jahr

Die 18 000 Euro Bruttojahresrente werden mit dem *Besteuerungsanteil* der Neu-Rentner des Jahres 2010 multipliziert, also mit 60 Prozent.

18 000 Euro × 60 % = 10 800 Euro Besteuerungsanteil

Da Sie im ersten Rentenjahr noch keinen Rentenfreibetrag zugewiesen bekommen, wird weiter mit dem Besteuerungsanteil gerechnet. Von den 10 800 Euro werden die Pauschbeträge und die Beiträge zur Kranken- und Pflegeversicherung abgezogen.

	10 800 Euro	Besteuerungsanteil
–	102 Euro	Werbungskostenpauschbetrag
–	36 Euro	Sonderausgabenpauschbetrag
–	1 422 Euro	Krankenkassenbeitrag*
–	351 Euro	Pflegeversicherungsbeitrag**
=	8 889 Euro	zu versteuerndes Einkommen

* Bei einem Krankenkassenbeitragssatz von 7,9 % (Eigenanteil)

** Bei einem Pflegeversicherungsbeitragssatz von 1,95 % (ohne Kinderlosenzuschlag)

Mit einem zu versteuernden Einkommen von 8 889 Euro müssen Sie 2010 nach dem Grundtarif rund 130 Euro Einkommensteuer zahlen.

An dem Beispiel können Sie sehen, wie ein Senior mit einer hohen gesetzlichen Rente steuerlich belastet wird. Sie können aber auch erkennen, dass nur ein relativ kleiner Teil der Rente, weniger als 2 Prozent, an den Fiskus geht. Das Beispiel gilt wiederum für einen ledigen Steuerzahler. Für gemeinsam veranlagte Ehepaare gilt das doppelte zu versteuernde Einkommen bei der gleichen Steuerbelastung.

Exkurs: Das Alterseinkünftegesetz

Auslöser für das neue Alterseinkünftegesetz war eine Gerichtsentscheidung: Am 6. März 2002 hat das Bundesverfassungsgericht geurteilt, dass die Renten künftig besteuert werden müssen, weil die Beamtenpensionen auch der Besteuerung unterliegen (Az. 2 BvL 17/99). Im Gegenzug zur Rentenbesteuerung sind die Beiträge zur gesetzlichen Rentenversicherung von der Steuer zu entlasten. Das Bundesverfassungsgericht stellte fest, dass es dem Gleichheitsgrundsatz des Grundgesetzes widerspricht, dass nach dem bisherigen Recht auf der einen Seite Beamte im Ruhestand auf einen großen Teil ihrer Pensionen Steuern zahlen müssen, während auf der anderen Seite die Renten der Arbeitnehmer im Ruhestand kaum oder gar nicht vom Fiskus behelligt werden. Das höchste deutsche Gericht gab damit einem ehemaligen Staatsanwalt Recht, der sich gegenüber Rentnern ungleich behandelt fühlte. Es gab der Politik auf, bis zum 1. Januar 2005 eine verfassungskonforme Neuregelung zu finden. Ansonsten seien die Pensionen von da an steuerfrei zu stellen. Noch bei der Urteilsverkündung versuchte die damalige Präsidentin des Bundesverfassungsgerichts, Jutta Limbach, die Rentner zu beruhigen: »Für Ängste oder gar einen Aufruhr in Reihen der Rentner besteht kein Anlass. Kenner der Materie und der Rechtsprechung des Bundesverfassungsgerichts haben richtig vorausgesagt, dass weder die mittleren noch unteren Renten durch das Urteil belastet werden.«

Die Richter hatten zwei unterschiedliche Systeme der Alterssicherung zu vergleichen. Beamte zahlen keine Beiträge für ihre Pensionen ein. Man unterstellt aber, dass die Bezüge der Beamten unter anderem deswegen niedriger als die Löhne und Gehälter ausfallen, weil die Dienstherren Ausgaben für die späteren Pensionen einplanen müssen. Diese fiktiven Pensionsrückstellungen werden nicht versteuert. Folglich werden später die Pensionen besteuert. Arbeitnehmer dagegen zahlten bislang auf ihre Beiträge zur gesetzlichen Rentenversicherung teilweise Steuern. Ihre Renten blieben bis dato weitgehend steuerfrei.

Die damalige rot-grüne Bundesregierung reagierte auf das Urteil, indem sie eine Kommission einsetzte. Die »Sachverständigenkommission zur Neuordnung der steuerrechtlichen Behandlung von Altersvorsorgeaufwendungen und Altersbezügen« unter Leitung des Darmstädter Finanzwissenschaftlers Bert Rürup überreichte am 11. März 2003 ihren Abschlussbericht an den damaligen Bundesfinanzminister Hans Eichel. Die Kommission schlug ein Drei-Schichten-Modell vor. Der ersten Schicht ordneten die Wissenschaftler der Kommission die gesetzliche Rente, berufsständische Altersversorgungen und neue private Rentenversicherungsverträge nach besonders strengen Regeln zu, die mittlerweile als Basisrentenversicherungen erhältlich sind und auch als Rürup-Renten bezeichnet werden. Diese drei Formen der Altersversorgung sollen ausschließlich nachgelagert besteuert werden. In die zweite Schicht wurden Riester-Renten und Betriebsrenten eingeordnet. Sie sollen größtenteils nachgelagert besteuert werden. Andere Produkte, die der Altersvorsorge dienen können, aber nicht müssen, gehören danach in die dritte Schicht und sollen vorgelagert besteuert werden.

Ein kompliziertes Modell, das durch eine lange Übergangszeit einerseits gewährleisten soll, dass Pensionäre und Rentner gleich besteuert werden, und andererseits sicherstellen soll, dass weder der Staat noch die Rentner von heute finanziell überfordert werden. Das Bundesfinanzministerium ist mit dem Alterseinkünftegesetz, im vollen Titel *Gesetz zur Neuordnung der einkommensteuerrechtlichen Behandlung von Altersvorsorgeaufwendungen und Altersbezügen*, den Vorschlägen der Kommission weitgehend gefolgt. Das hat nicht nur Konsequenzen für die gesetzlichen Renten und Pensionen, sondern auch für Betriebsrenten, private Rentenversicherungen, Mieteinnahmen und für die Kapitallebensversicherungen. Sogar die Zusatzversorgung für Arbeiter und Angestellte im öffentlichen Dienst wurde berücksichtigt. Letztlich wird fast jede Art von Alterseinkommen berührt.

Das Bundeskabinett hat das Gesetz am 3. Dezember 2003 gebilligt. Danach wurde es im ersten Halbjahr 2004 in den verschiedenen Gremien von Bundestag und Bundesrat diskutiert. Am 11. Juni 2004 ist es von Bundestag und Bundesrat verabschiedet worden. Das Gesetz markiert einen wesentlichen Einschnitt in das Steuerrecht hin zur sogenannten nachgelagerten Besteuerung. Das hat zur Folge, dass die Steuerbelastung neu verteilt wird. Die Rentner werden zusätzlich belastet, die Beitragszahler werden entlastet. Das Alterseinkünftegesetz trat zum 1. Januar 2005 in Kraft. Seitdem gelten die Regeln, die in diesem Buch geschildert werden. Es wurde allerdings versäumt, rechtzeitig ein funktionierendes Meldesystem für die verschiedenen Alterseinkünfte zu installieren. Die betroffenen Unternehmen und die Verwaltungen waren offensichtlich überfordert, das Gesetz zeitnah umzusetzen. Das Meldesystem hat erst Ende 2009 seine Arbeit aufgenommen. Seit Anfang 2010 erhalten die Finanzämter die Informationen über die Einkommen der Rentner in ihrem Bezirk. Durch die Verzögerung des Meldesystems sind bei zahlreichen Senioren Steuerschulden für mehrere Jahre aufgelaufen.

Steuern auf die Pensionen

Das Bundesverfassungsgericht hat mit dem Urteil vom 6. März 2002 die steuerliche Gleichbehandlung von Renten und Pensionen eingefordert. Durch das Alterseinkünftegesetz, das dieses Urteil umsetzt, werden Renten seit 2005 deutlich stärker besteuert. Die Besteuerung der Pensionen wurde nur an wenigen Stellen verändert. Die Steuerbelastung für Neu-Pensionäre steigt mit jedem Kalenderjahr etwas an, weil die Freibeträge reduziert werden. Insofern wurden die Beamten enttäuscht, die auf eine Verringerung ihrer Steuerbelastung gehofft hatten.

Pensionen werden an Beamte gezahlt, die in den Ruhestand getreten sind, die dienstunfähig sind und an Hinterbliebene von verstorbenen Beamten. Auch Richter, Soldaten und die meisten hauptamtlichen Politiker erwerben Pensionsansprüche. Pensionen gelten im Steuerrecht nach § 19 EStG als Einkünfte aus nichtselbstständiger Tätigkeit. Sie werden quasi als aufgeschobenes Gehalt betrachtet und als Versorgungsbezüge bezeichnet. Deswegen müssen Pensionen in der Steuererklärung in der Anlage N eingetragen werden, also da, wo auch Löhne, Gehälter und Bezüge der abhängig Beschäftigten eingetragen werden müssen. Die Besteuerung der Pensionen erfolgt monatlich, wie die der Entgelte der Erwerbstätigen über das Lohnsteuerverfahren.

Pensionen zählen im ersten Schritt vollständig zum zu versteuernden Einkommen. Sie werden also genauso besteuert wie beispielsweise Lohn und Gehalt. Insofern bleibt den Rentnern von heute steuerlich ein Vorteil gegenüber den Pensionären, weil bei ihnen nur der Besteuerungsanteil ihrer Rente zum zu versteuernden Einkommen gezählt wird. Erst in den kommenden Jahrzehnten wird dieser Vorteil verringert. Im zweiten Schritt können Pensionäre allerdings den Versorgungsfreibetrag geltend machen und außerdem den Zuschlag zum Versorgungsfreibetrag. Das sind zwei große Freibeträge, die nur den Beziehern von Versorgungsbezügen zustehen, also den pensionierten Staatsbediensteten und den Beziehern von Betriebsrenten aus einer Direktzusage oder einer Unterstützungskasse (siehe im Abschnitt *Ungeförderte betriebliche Altersversorgung* das Unterkapitel *Werkspensionen*). Den Pensionären steht außerdem noch ein Werbungskostenpauschbetrag von 102 Euro im Jahr zu.

Versorgungsfreibetrag

Der Versorgungsfreibetrag beträgt 40 Prozent der Pension, allerdings höchstens 3 000 Euro im Jahr. Diese Werte gelten aber nur für Pensionen, die bereits vor 2006 bezogen worden sind. Wer später Pensionär wurde oder wird, muss mit einem geringeren Versorgungsfreibetrag leben. Denn auch dieser Freibetrag wird abgeschmolzen. Wer also beispielsweise 2010 in Pension geht, erhält nur noch einen Versorgungsfreibetrag in Höhe von 32 Prozent der Pension beziehungsweise höchstens 2400 Euro im Jahr. Die Höhe des Versorgungsfreibetrags richtet sich nach dem Kalenderjahr, in dem die Pension zum ersten Mal bezogen wird. Er wird vom Finanzamt automatisch berechnet. Deswegen wird er nicht in die Steuerformulare eingetragen.

Der Freibetrag bleibt dem Pensionär in dieser Höhe bis zu seinem Lebensende erhalten. Das heißt, ähnlich wie bei den Rentnern, sind die Pensionäre dieser Tage weniger belastet als die Pensionäre, die erst in einigen Jahren oder Jahrzehnten in den Ruhestand gehen. Der Versorgungsfreibetrag wird nur geändert, wenn die Pension grundsätzlich neu berechnet wird. Dann wird mit dem geänderten Betrag der Pension ein neuer Versorgungsfreibetrag ermittelt, aber nach wie vor mit den Grenzwerten aus dem Kalenderjahr, in dem die Versorgung begonnen hatte. Die regelmäßigen Pensionserhöhungen lösen dagegen keine Neuberechnung des Versorgungsfreibetrags aus. Deswegen führen solche Anpassungen zu einer etwas höheren Steuerbelastung, denn der Freibetrag bleibt auf seinem festgelegten Niveau.

Von 2006 bis 2020 wird der Versorgungsfreibetrag jedes Jahr für Neu-Pensionäre um 1,6 Prozentpunkte verringert beziehungsweise der Höchstbetrag um 120 Euro. Von 2021 bis 2040 werden jedem neuen Pensionärsjahrgang 0,8 Prozentpunkte und 60 Euro weggenommen. Das führt dazu, dass Neu-Pensionäre des Jahres 2040 und danach keinen Versorgungsfreibetrag mehr geltend machen können, denn dann ist er auf 0 Prozent und 0 Euro abgeschmolzen worden. Dann zählen neue Pensionen genauso wie neue Renten komplett zum zu versteuernden Einkommen. In der Tabelle können Sie die Freibeträge der einzelnen Kalenderjahre ablesen.

Versorgungsfreibeträge für Neu-Pensionäre

Kalenderjahr des Rentenbeginns	Freibetrag in Prozent	Höchstbetrag in Euro	Zuschlag in Euro
2005	40,0	3000	900
2006	38,4	2880	864
2007	36,8	2760	828
2008	35,2	2640	792
2009	33,6	2520	756
2010	32,0	2400	720
2011	30,4	2280	684
2012	28,8	2160	648
2013	27,2	2040	612
2014	25,6	1920	576
2015	24,0	1800	540
2016	22,4	1680	504
2017	20,8	1560	468
2018	19,2	1440	432
2019	17,6	1320	396
2020	16,0	1200	360
2021	15,2	1140	342
2022	14,4	1080	324
2023	13,6	1020	306
2024	12,8	960	288

Kalenderjahr des Rentenbeginns	Freibetrag in Prozent	Höchstbetrag in Euro	Zuschlag in Euro
2025	12,0	900	270
2026	11,2	840	252
2027	10,4	780	234
2028	9,6	720	216
2029	8,8	660	198
2030	8,0	600	180
2031	7,2	540	162
2032	6,4	480	144
2033	5,6	420	126
2034	4,8	360	108
2035	4,0	300	90
2036	3,2	240	72
2037	2,4	180	54
2038	1,6	120	36
2039	0,8	60	18
2040	0,0	0	0

Die angegebenen Freibeträge geltend jeweils für volle Kalenderjahre. Wird die Pension nicht das volle Jahr bezogen, werden auch die Freibeträge anteilig pro Monat berechnet.

Zuschlag zum Versorgungsfreibetrag

Bis 2004 konnten Pensionäre denselben Werbungskostenpauschbetrag wie abhängig Beschäftigte geltend machen, also 920 Euro im Jahr. Dieses Anrecht wurde 2005 gestrichen. Seitdem können Pensionäre, wie auch die Rentner, nur noch einen Werbungskostenpauschbetrag in Höhe von 102 Euro jährlich geltend machen. Den Pensionären wurde aber zum Ausgleich ein neuer Freibetrag gewährt, nämlich der Zuschlag zum Versorgungsfreibetrag. Er beträgt für Pensionäre, deren Versorgungsbezüge schon vor 2006 gezahlt worden sind, 900 Euro im Jahr. Für Neu-Pensionäre aber wird auch dieser Freibetrag bis 2040 auf null abgeschmolzen. Wer beispielsweise 2010 in Pension geht, erhält nur noch 720 Euro Zuschlag zum Versorgungsfreibetrag im Jahr. Der Zuschlag wird bis 2020 für jeden Neu-Pensionärsjahrgang um 36 Euro gesenkt und dann bis 2040 um 18 Euro pro Jahr.

Eine Pension muss zwar, wie gesagt, im ersten Schritt voll versteuert werden, im zweiten Schritt greifen allerdings die beiden Freibeträge, die zumindest für die Neu-Pensionäre von heute noch relativ hoch ausfallen.

Beispiel

Sie beziehen seit 2010 eine Pension über 1000 Euro im Monat. Das sind 12000 Euro im Jahr. Sie können einen Versorgungsfreibetrag in Höhe von 32 Prozent geltend machen. Das wären 3840 Euro. Dieser Betrag liegt aber über der Höchstgrenze für Neu-Pensionäre des Jahres 2010 von 2400 Euro. Sie haben also nur auf 2400 Euro Versorgungsfreibetrag Anspruch. Der Zuschlag zum Versorgungsfreibetrag für Ihren Neu-Pensionärsjahrgang beträgt 720 Euro. Außerdem stehen Ihnen der Werbungskostenpauschbetrag über 102 Euro und der Sonderausgabenpauschbetrag über 36 Euro zu.

1000 Euro monatliche Pension	× 12 Monate	=	12000 Euro Bruttopension pro Jahr

12 000 Euro × 32 % = 3 840 Euro Versorgungsfreibetrag

3 840 Euro > 2 400 Euro maximaler Versorgungsfreibetrag

	12 000 Euro	Bruttopension
–	2 400 Euro	Versorgungsfreibetrag
–	720 Euro	Zuschlag zum Versorgungsfreibetrag
–	102 Euro	Werbungskostenpauschbetrag
–	36 Euro	Sonderausgabenpauschbetrag
=	8 742 Euro	fließen zum zu versteuernden Einkommen

Sie müssen sich von Ihren 12 000 Euro, die Sie im Jahr brutto an Pension bekommen, 8 742 Euro zu Ihrem zu versteuernden Einkommen rechnen lassen. Da Sie noch die Beiträge zur Kranken- und Pflegeversicherung absetzen können, kommen Sie unter den Grundfreibetrag von 8 004 Euro, sodass Sie letztlich keine Steuern zahlen müssen, wenn Sie nicht noch weitere Einkünfte haben. Da die meisten Beamten beziehungsweise Pensionäre privat krankenversichert sind, ist es wenig sinnvoll, hier mit konkreten Versicherungsbeiträgen zu rechnen, da diese sich in der Praxis je nach Alter, Gesundheitszustand und Beihilfesatz stark unterscheiden.

Mehrere Pensionen

Bezieht jemand mehrere Pensionen, bekommt er die Freibeträge nach der ersten Pension berechnet. Das gilt auch für Pensionen, die hintereinander bezogen werden. Ähnlich wie bei den Renten richtet sich die Zuordnung der Freibeträge nach dem Beginn der ersten Pension. Ähnliches gilt, wenn ein

Beamter stirbt. Verstirbt beispielsweise ein Pensionär, so darf seine Witwe denselben Versorgungsfreibetrag und denselben Zuschlag zum Versorgungsfreibetrag geltend machen wie zuvor schon der Verstorbene.

Gehen verschiedene Pensionen aber nicht direkt ineinander über, werden der späteren Pension die aktuellen Freibeträge zugeordnet. So wird dann auch bei Hinterbliebenenpensionen vorgegangen. Verstirbt ein Beamter vor dem Bezug seiner Pension, bekommt der Hinterbliebene den Versorgungsfreibetrag und den Zuschlag zum Versorgungsfreibetrag des Kalenderjahres zugeordnet, in dem die Hinterbliebenenversorgung beginnt.

Hat ein Pensionär auch Anspruch auf eine gesetzliche Rente, werden die beiden Leistungen miteinander verrechnet, das heißt, die Pension wird um die Rente gekürzt.

Steuern auf die Renten von berufsständischen Versorgungswerken

Neben der gesetzlichen Rentenversicherung und den Pensionen für Beamte, Politiker, Richter und Soldaten im Ruhestand gibt es noch ein drittes Versorgungssystem: die berufsständischen Versorgungswerke. Diese Versorgungswerke bieten Freiberuflern, die sich in Kammern organisieren, die Versorgung im Alter, bei Invalidität und der Hinterbliebenen. Sie sind das Versorgungssystem der Ärzte, Apotheker, Architekten, selbstständigen Ingenieure, Notare, Psychotherapeuten, Rechtsanwälte, Steuerberater, Tierärzte, Wirtschaftsprüfer und Zahnärzte. In Nordrhein-Westfalen werden auch die Abgeordneten des Landtages über ein solches Versorgungswerk abgesichert. Die landwirtschaftlichen Alterskassen zählen offiziell nicht zu den berufsständischen Versorgungskassen, organisieren aber auch für einen selbstständigen Berufsstand, nämlich den der Landwirte, die Versorgung im Alter, bei Invalidität und der Hinterbliebenen.

Die steuerliche Behandlung der Renten dieser Versorgungswerke ist schnell geschildert. Diese Leistungen werden genauso behandelt wie die gesetzliche Rente. Schließlich dienen die berufsständischen Versorgungswerke ausdrücklich als Ersatz der gesetzlichen Rentenversicherung. Das heißt, auch die Renten aus einem berufsständischen Versorgungswerk werden nach dem Besteuerungsanteil versteuert. Es zählt also nur der Besteuerungsanteil der Renten aus berufsständischen Versorgungswerken zum zu versteuernden Einkommen. Und auch in den Steuerformularen ziehen diese Renten mit denen der gesetzlichen Rentenversicherung gleich: Sie müssen in der Anlage R der Steuererklärung eingetragen werden. Oben im Formular müssen Sie eine Spalte mit einer 3 kennzeichnen. Drei steht für *Leibrenten aus berufsständischen Versorgungseinrichtungen.* Die einzelnen Versorgungswerke sind nach Berufsstand und meist auch noch einmal nach Bundesland gegliedert, die alle ihre eigene Satzung haben. Deswegen kann es passieren, dass Detailfragen bezüglich der Besteuerung speziell abgestimmt werden müssen, etwa die Besteuerung eines Sterbegelds oder einer Kapitalauszahlung. Im Zweifelsfall sollten Sie sich an Ihr Versorgungswerk wenden.

Landwirte haben oft verschiedene Alterseinkünfte, die jeweils unterschiedlich besteuert werden. Die Rente von der landwirtschaftlichen Alterskasse wird, wie gesagt, genauso wie die gesetzliche Rente versteuert. Auch sie wird in der Anlage R oben in einer Spalte eingetragen. Sie muss mit einer 2 bezeichnet werden. Zwei steht für *Leibrenten aus landwirtschaftlichen Alterskassen*. Diese Kassen bieten allerdings nur eine Teilversorgung. Die landwirtschaftlichen Renten erreichen nur rund die Hälfte der Höhe der gesetzlichen Renten, weil Landwirte in der Regel Unternehmer sind, die auch andere Alterseinkünfte haben. So bekommt ein Altbauer für die Übergabe seines Hofes in der Regel eine Altenteilsleistung von seinem Nachfolger gezahlt. Diese Leistung muss als sonstige Einkünfte voll versteuert werden. Übergabeverträge, die vor 2008 abgeschlossen wurden, können allerdings auch so konstruiert sein, dass nur der Ertragsanteil zum zu versteuernden Einkommen gezählt wird. Produktionsaufgaberenten oder das Ausgleichsgeld sind steuerfrei, werden aber kaum noch gezahlt. Andere Einkünfte zählen zu land- und forstwirtschaftlichen Betriebseinnahmen oder zu Einkünften aus Vermietung und Verpachtung.

Öffnungsklausel

Die sogenannte Öffnungsklausel gilt zwar auch für die gesetzliche Rente, sie dürfte aber meistens auf hohe Renten aus berufsständischen Versorgungswerken angewandt werden. Wer als freiwillig gesetzlich Versicherter oder als Versicherter eines berufsständischen Versorgungswerkes in seiner aktiven Zeit sehr hohe Beiträge eingezahlt hat, kann für einen Teil seiner Rente die Besteuerung nach dem Ertragsanteil beantragen und damit Geld sparen. Denn man geht davon aus, dass die überhöhten Beiträge aus versteuertem Einkommen gezahlt worden sind. Dieses Einkommen darf nicht zweimal besteuert werden.

Die Belastung durch die Ertragsanteilsbesteuerung fällt geringer aus als die durch die Anwendung des Besteuerungsanteils. Geht beispielsweise ein Arzt 2010 im Alter von 65 Jahren in den Ruhestand, so bekommt er den Besteuerungsanteil von 60 Prozent zugeordnet. Das heißt, 60 Prozent der Rente seines berufsständischen Versorgungswerks werden zu seinem zu versteuernden Einkommen gezählt. Nutzt er aber für einen Teil seiner der Rente die *Öffnungsklausel*, muss er weniger Steuern zahlen, denn dann kommt der Ertragsanteil zum Zuge. Da der Mediziner mit 65 Jahren in Rente gegangen ist, bekommt er den Ertragsanteil von 18 Prozent zugeteilt. Das heißt, ein Teil seiner Rente zählt nur zu 18 Prozent zu seinem zu versteuernden Einkommen.

Um in den Genuss der Öffnungsklausel zu kommen, müssen Sie allerdings mindestens zehn Jahre lang besonders hohe Beiträge eingezahlt haben. Eigentlich gilt beim Lohn und Gehalt eine Höchstgrenze, bis zu der Beiträge verlangt werden, die sogenannte Beitragsbemessungsgrenze. Wer mehr verdient, muss auf das überschüssige Gehalt keine Beiträge zahlen. Wer das allerdings trotzdem gemacht hat, kann unter Umständen von der Öffnungsklausel profitieren. Das kam in der gesetzlichen Rentenversicherung eher selten vor, bei den berufsständischen Versorgungswerken aber öfter. Bedingung für die Öffnungsklausel ist, wie gesagt, dass Sie mindestens zehn Jahre Beiträge für Lohn oder Gehalt oberhalb der Beitragsbemessungsgrenze eingezahlt haben. Dabei müssen die zehn Jahre nicht zusammenhängen. Sie können also aus verschiedenen Zeitabschnitten zusammengestuckelt sein. Sie müssen allerdings alle vor dem Jahr 2005 liegen. Das heißt, diese überhöhten Beiträge müssen längst gezahlt sein, Sie können heute nichts mehr in diese Richtung bewegen. Wer aber in den vergangenen Jahrzehnten hohe Rentenversicherungsbeiträge gezahlt hat, sollte prüfen, ob er die Bedingungen der Öffnungsklausel erfüllt.

WISO rät

Prüfen Sie, ob Sie die Öffnungsklausel in Anspruch nehmen können.

Wenn Sie die Öffnungsklausel nutzen wollen, müssen Sie zuerst die notwendigen Bescheinigungen von Ihrem Rentenversicherungsträger beschaffen. Aus denen muss hervorgehen, dass Sie in der oben geschilderten Weise überhöhte Beiträge gezahlt haben. Es müssen jeweils die Beiträge der einzelnen Jahre bescheinigt werden. Mit diesen Unterlagen können Sie dann zu Beginn Ihres Ruhestands die Öffnungsklausel beim Finanzamt beantragen. Der Rentenversicherungsträger errechnet außerdem, welcher Teil Ihrer Rente aus überhöhten Beiträgen stammt. Dazu wird Ihnen ein Prozentwert genannt, den Sie in der Anlage R Ihrer Steuererklärung eintragen müssen. Das Finanzamt rechnet dann den genannten Anteil Ihrer Rente heraus, berechnet den Ertragsanteil und zählt nur diesen zu Ihrem zu versteuernden Einkommen. Der Rest Ihrer Rente wird ganz normal nach dem Besteuerungsanteil besteuert.

Steuerfreie Renten

Das Finanzamt wirft seinen wachsamen Blick auf fast alle Renten. Bei etlichen Konstellationen führt das dazu, dass tatsächlich Steuern zu zahlen sind. Einige wenige Renten aber bleiben von vornherein steuerfrei. Das sind in der Regel Renten, die Ihnen einen Schaden ersetzen. Wenn Sie beispielsweise einen Arbeitsunfall erleiden und von Ihrer Berufsgenossenschaft eine Verletztenrente gezahlt bekommen, wird diese nach § 3 Nummer 1 a) EStG steuerlich nicht berücksichtigt.

Dasselbe gilt für Renten, die wegen einer Kriegs- oder Wehrdienstbeschädigung gezahlt werden, für Schwerbeschädigtenrenten und für Wiedergutmachungsrenten. Auch andere Schadenersatzrenten bleiben steuerfrei. So hat der Bundesfinanzhof am 26. November 2008 geurteilt, dass die Schadenersatzrente einer Witwe nicht versteuert werden muss (Az. X R 31/07). Diese Rente wird von einer Klinik beziehungsweise von deren Haftpflichtversicherer zum Ausgleich des Unterhaltsschadens und zum Ausgleich des Haushaltsführungsschadens gezahlt, nachdem der Ehemann wegen eines Kunstfehlers verstorben ist. Auch Mehrbedarfsrenten, Schmerzensgeldrenten und Unterhaltsrenten zählen normalerweise nicht zum zu versteuernden Einkommen. Eine Besteuerung dieser Renten kommt nur dann infrage, wenn sie ein Einkommen ersetzen. Dann werden sie nach dem Ertragsanteil besteuert (siehe im Abschnitt *Ungeförderte private Altersrenten* das Unterkapitel *Ertragsanteil*).

Wenn Sie eine solche Rente beziehen, sollten Sie genau darauf achten, dass diese Leistung vom Finanzamt unberücksichtigt bleibt. Das gilt besonders, wenn Sie auch andere Renten beziehen, und vor allem dann, wenn sich Ihre Renten in einen steuerpflichtigen und in einen steuerfreien Teil aufspalten. Mütter beispielsweise, die vor 1921 geboren wurden, erhalten nach § 294 bis 299 Sozialgesetzbuch (SGB) IV von der gesetzlichen Rentenversicherung sogenannte Erziehungsleistungen. Das ist ein Ausgleich dafür, dass diese älteren Mütter keine Kindererziehungszeiten gutgeschrieben bekommen. Die Erziehungsleistungen sind nach § 3 Nummer 67 EStG steuerfrei. Diese Zahlungen werden nach Auskunft der Deutschen Rentenversicherung automatisch herausgefiltert. Darauf sollten Sie achten.

WISO rät

Kontrollieren Sie, ob Ihre steuerfreie Rente wirklich nicht zu Ihrem zu versteuernden Einkommen gezählt wird.

Besteuerung der zusätzlichen Alterseinkommen

Viele Senioren, die heutzutage in den Ruhestand gehen, haben neben ihrer gesetzlichen Rente eine Zusatzrente oder andere Einkünfte, um ihren Lebensstandard zu sichern, sei es mit einer Betriebsrente oder einer privaten Zusatzrente, mit Kapitaleinkünften oder Mieteinnahmen. In vielen Fällen arbeitet auch noch der Ehepartner, wodurch dessen Lohn oder Gehalt zusammen mit der Rente steuerlich berücksichtigt werden muss. Aufgrund der zusätzlichen Einkünfte werden viele Senioren jetzt vom Fiskus zur Kasse gebeten, und damit ausgerechnet diejenigen, die selbst fürs Alter vorgesorgt haben. In diesem Kapitel wird die Besteuerung der verschiedenen Zusatzeinkünfte Punkt für Punkt durchgegangen, denn letztlich unterliegt jede Einkunftsart eigenen Steuerregeln.

Es sind die zusätzlichen Alterseinkommen, die in vielen Fällen zu einer tatsächlichen Steuerbelastung führen, wie im Kapitel *Die betroffenen Gruppen* ausgeführt. Das liegt unter anderem daran, dass viele Zusatzeinkünfte steuerlich relativ stark belastet werden. Das war kein Problem, solange die gesetzliche Rente kaum besteuert wurde. Es blieb genug Spielraum für strenger besteuerte Zusatzeinkünfte, ohne dass tatsächlich Steuern zu zahlen waren. Das hat sich mit dem Alterseinkünftegesetz geändert. Jetzt kann es Ihnen passieren, dass Sie wegen Ihrer Zusatzrente oder Ihren Zins- oder Mieteinkünften Steuern zahlen müssen. Ungerechterweise trifft die Verschärfung der Besteuerung der Alterseinkünfte viele von denen, die von sich aus regelmäßig etwas fürs Alter zurückgelegt haben.

Dabei gelten für die Zusatzeinkünfte keine einheitlichen Besteuerungsregeln. Fast jede Art von Zusatzrente oder Zusatzeinkünften wird nach eigenen Vorschriften besteuert. Das macht die Sache unübersichtlich. Wenn Sie sich orientieren wollen, ob und wie viel Steuern Sie zu zahlen haben, müssen Sie die Regeln der Besteuerung Ihrer Zusatzrente oder Ihrer zusätzlichen Einkünfte durchgehen. Dann wird klar, was steuerlich auf Sie zukommt. Nachdem im Kapitel *Besteuerung der Renten und Pensionen* die steuerliche Belastung des Hauptteils der Alterseinkünfte erläutert worden ist, geht es in diesem Kapitel um die unterschiedliche Belastung der verschiedenen zusätzlichen Alterseinkünfte.

Steuern auf Betriebsrenten

Die Besteuerung der Leistungen aus der betrieblichen Altersversorgung ist nicht einheitlich geregelt. Es gibt verschiedene Arten von Betriebsrenten und sie werden steuerlich jeweils unterschiedlich behandelt. Dabei gibt es zwei wesentliche Unterscheidungskriterien: Zum einen kommt es darauf an, ob die Beiträge zur betrieblichen Altersversorgung in der aktiven Zeit steuerlich gefördert wurden oder nicht. Früher gab es nur wenig Förderung der Betriebsrente. Deswegen gehören die Betriebsrenten, die derzeit ausgezahlt werden, meistens zu der Gruppe der ungeförderten betrieblichen Altersversorgung. Heutzutage werden die Beiträge zur Betriebsrente erheblich gefördert, sodass die künftigen Leistungen in der Regel zu der Gruppe der geförderten Renten zu zählen sind.

Zum anderen ist für die Besteuerung wichtig, ob die Betriebsrente vom alten Arbeitgeber direkt gezahlt wird oder von einem eigenständigen Versorgungswerk, das nicht zum Betrieb gehört. Die meisten Renten, die in diesen Tagen gezahlt werden, stammen direkt aus dem Betrieb, in dem der Betriebsrentner früher gearbeitet hat. In bestimmten Branchen aber, wie dem Handel oder der chemischen Industrie, war es auch früher schon üblich, die betriebliche Altersversorgung über externe Versorgungswerke zu organisieren. Die künftigen Betriebsrenten, die heute angespart werden, kommen in ihrer Mehrheit aus eigenständigen Versorgungswerken.

Gefördert oder ungefördert und intern oder extern, lautet also die Frage, wenn Sie wissen wollen, wie Ihre Betriebsrente steuerlich belastet wird. Auch wenn es sich nicht um ein steuerliches Problem handelt, sei der Vollständigkeit halber angemerkt, dass alle Betriebsrenten durch die vollen Beiträge zur gesetzlichen Kranken- und Pflegeversicherung belastet werden. Sie müssen als Betriebsrentner also den Arbeitnehmer- und den Arbeitgeberanteil bezahlen. Nur Privatversicherte sind nicht betroffen.

Ungeförderte betriebliche Altersversorgung

Die meisten Betriebsrenten, die derzeit ausgezahlt werden, sind in der aktiven Zeit nicht gefördert worden, wenn man davon absieht, dass die Arbeitgeber ihre Zahlungen an das Versorgungswerk als Betriebsausgaben steuerlich geltend gemacht haben. Der Arbeitnehmer aber hat früher, anders als heute, für die Beiträge in ein betriebliches Versorgungswerk meistens keine steuerliche Förderung erhalten. Das lag unter anderem auch daran, dass die Betriebsrente lange Zeit ganz oder zum größten Teil vom Arbeitgeber finanziert worden ist. Die meisten Betriebsrentner von heute beziehen eine sogenannte Werkspension, die direkt vom alten Arbeitgeber gezahlt wird, oder eine Betriebsrente, die von einer Pensionskasse, also einem externen Versorgungswerk, geleistet wird.

Wer eine ungeförderte Betriebsrente aus einem internen Versorgungswerk bezieht, kann den Versorgungsfreibetrag und einen Zuschlag zu diesem Freibetrag geltend machen. Ansonsten zählt die Betriebsrente voll zum zu versteuernden Einkommen. Bezieher einer ungeförderten Betriebsrente aus einem externen Versorgungswerk sind besser dran. Sie müssen sich nur den relativ niedrigen Ertragsanteil ihrer Betriebsrente zum zu versteuernden Einkommen rechnen lassen.

Werkspensionen

Wenn der alte Betrieb, in dem der Senior früher gearbeitet hat, die Betriebsrente direkt auszahlt, dann nennt man diese Leistung eine Werkspension. Das Werk, in dem früher gearbeitet wurde, zahlt im Alter Versorgungsbezüge. Eine solche Betriebsrentenkonstruktion wird auch als Direktzusage bezeichnet, weil der frühere Arbeitgeber die Betriebsrente eben direkt auszahlt. Die Direktzusage ist ein interner Durchführungsweg, weil das Geld während der aktiven Zeit für die späteren Rentenzahlungen im Betrieb zurückgestellt wird. Es bleibt also in der Firma. Mit dem Begriff Durchführungsweg werden die verschiedenen Arten der Betriebsrenten bezeichnet.

Neben der Werkspension beziehungsweise Direktzusage gelten auch die Renten aus einer sogenannten Unterstützungskasse als interne Leistung. Eine Unterstützungskasse ist so etwas wie ein Mittelding aus einem internen und einem externen Versorgungswerk. Steuerrechtlich wird die Unterstützungskasse aber als interner Durchführungsweg behandelt. Für Renten aus Unterstützungskassen gelten steuerlich die gleichen Regeln wie für Werkspensionen. Sie sind allerdings nicht sehr weit verbreitet, wohl auch, weil sie arbeits- und steuerrechtlich sehr kompliziert gestaltet sind.

Die Werkspensionen dagegen machen die große Mehrheit der Betriebsrenten aus, die zurzeit ausgezahlt werden. Sie ist die mit Abstand häufigste Form der ungeförderten Betriebsrente. Vor allem die Großindustrie und auch die größeren mittelständischen Unternehmen haben in den fünfziger und sechziger Jahren des vergangenen Jahrhunderts solche Betriebsrenten eingerichtet.

Die Werkspension heißt nicht nur fast so wie eine Beamtenpension, sie wird auch nach den gleichen Regeln des § 19 EStG besteuert. Das heißt, eine Werkspension wird steuerlich ähnlich wie Lohn oder Gehalt behandelt. Eine Werkspension gilt als Lohn, der in der aktiven Zeit vom Unternehmen einbehalten wurde und später eben als Betriebsrente ausgezahlt wird. Deswegen fließt Ihre Werkspension nach Abzug der Freibeträge komplett Ihrem zu versteuernden Einkommen zu. Das heißt, zur Berechung Ihrer Steuerbelastung müssen Sie die Bruttowerkspension eines Jahres zusammenrechnen und von dieser Summe die Freibeträge abziehen. Der Ergebnisbetrag zählt zu Ihrem zu versteuernden Einkommen. Im Gegensatz zur gesetzlichen Rente, von der nur ein Teil tatsächlich der Besteuerung unterworfen wird, zählt eine Werkspension abzüglich der Freibeträge voll zum zu versteuernden Einkommen. Die Freibeträge sind allerdings sehr hoch. Sie müssen aber alt genug sein, um sie in Anspruch nehmen zu können.

Wenn Sie eine Werkspension beziehen und mindestens 63 Jahre alt sind, können Sie genauso wie ein Beamter im Ruhestand den Versorgungsfreibetrag und den Zuschlag zum Versorgungsfreibetrag steuerlich geltend machen. Wenn Sie behindert sind, stehen Ihnen als Werkspensionär die beiden Freibeträge bereits ab dem vollendeten 60. Lebensjahr zu. Der Versorgungsfreibetrag liegt bei Betriebsrenten, die bereits vor 2006 bezogen worden sind, bei 40 Prozent der Werkspension, höchstens aber bei 3000 Euro im Jahr. Wie im Abschnitt *Versorgungsfreibetrag* ausgeführt, wird auch der Versorgungsfreibetrag seit 2006 für jeden Neu-Pensionärsjahrgang reduziert. Dort finden Sie auch eine ausführliche Tabelle der Kürzungsschritte. Wer beispielsweise seit 2010 eine Werkspension bezieht, kann nur noch 32 Prozent als Versorgungsfreibetrag geltend machen und höchstens 2400 Euro im Jahr.

Neben dem Versorgungsfreibetrag haben Sie als Werkspensionär auch Anspruch auf den Zuschlag zum Versorgungsfreibetrag. Er beträgt für Werkspensionäre, deren Versorgungsbezüge schon vor 2006 gezahlt worden sind, 900 Euro im Jahr. Auch der Zuschlag wird für Neu-Pensionäre stufenweise verringert. Wer seit 2010 eine Werkspension erhält, hat nur noch auf 720 Euro Zuschlag im Jahr Anspruch. Eine überschlägige Berechnung sieht folgendermaßen aus:

Beispiel

Sie beziehen seit 2010 eine Werkspension über 400 Euro im Monat. Das sind 4800 Euro im Jahr. Sie können einen Versorgungsfreibetrag in Höhe von 32 Prozent geltend machen und einen Zuschlag zum Versorgungsfreibetrag über 720 Euro. Außerdem steht Ihnen der Werbungskostenpauschbetrag zu. Da Sie auf Betriebsrenten jeweils den vollen Beitrag zur gesetzlichen Krankenkasse wie auch zur gesetzlichen Pflegeversicherung zahlen müssen (Arbeitnehmer- und Arbeitgeberanteil), können Sie diese Ausgaben ebenfalls absetzen. Der Sonderausgabenpauschbetrag wird hier nicht in Ansatz gebracht, weil es sich um eine Zusatzrente handelt und davon ausgegangen wird, dass die Pauschale bereits auf die Hauptrente angerechnet worden ist.

400 Euro monatliche Werkspension	× 12 Monate	=	4800 Euro Bruttowerkspension pro Jahr
4800 Euro	× 32 Prozent	=	1536 Euro Versorgungsfreibetrag

	4800 Euro	Bruttowerkspension
–	1536 Euro	Versorgungsfreibetrag
–	720 Euro	Zuschlag zum Versorgungsfreibetrag
–	102 Euro	Werbungskostenpauschbetrag
–	715 Euro	Krankenkassenbeitrag*
–	94 Euro	Pflegeversicherungsbeitrag**
	1633 Euro	zählen zum zu versteuernden Einkommen

* Bei einem Krankenkassenbeitragssatz von 14,9 %

** Bei einem Pflegeversicherungsbeitragssatz von 1,95 % (ohne Kinderlosenzuschlag).

Sie müssen sich von Ihren 4800 Euro, die Sie im Jahr brutto an Werkspension bekommen, 1633 Euro zu Ihrem zu versteuernden Einkommen rechnen lassen. Die Höchstgrenze des Versorgungsfreibetrags spielt für Sie keine Rolle. Die greift nur bei höheren Versorgungsbezügen (siehe Abschnitt *Versorgungsfreibetrag*).

Der Zuschlag wird, genauso wie der Versorgungsfreibetrag selbst, bis zum Jahr 2040 auf null reduziert. Für den einzelnen Betriebsrentner gelten aber der Freibetrag und der Zuschlag des Kalenderjahres, in dem die Bezüge das erste Mal geleistet werden. Bei diesen Werten bleibt es während des gesamten Bezugs der Werkspension (siehe Abschnitt *Versorgungsfreibetrag*). Wie den Beamten im Ruhestand stehen auch den Werkspensionären ein Werbungskostenpauschbetrag in Höhe von 102 Euro im Jahr zu, und zwar extra für die Betriebsrente aus einem internen Versorgungswerk, gleichzeitig zum selben Betrag, der Ihnen auch in Bezug auf Ihre gesetzliche Rente zusteht. Der Werbungskostenpauschbetrag gilt auch dann komplett, wenn die Pensionszahlung bei Eintritt in den Ruhestand mitten im Jahr begonnen hat.

Achtung!
Wenn Sie eine gesetzliche Rente und eine Werkspension beziehen, können Sie für beide Leistungen jeweils einen Werbungskostenpauschbetrag geltend machen.

Wenn Sie eine Werkspension beziehen, müssen Sie bei Ihrem ehemaligen Arbeitgeber am Lohnsteuerverfahren teilnehmen. Da eine Betriebsrente aus einem internen Versorgungswerk steuerlich als aufgeschobener Lohn gilt, wird sie auch formal so behandelt. Dabei werden die drei Freibeträge (Versorgungsfreibetrag, Zuschlag zum Versorgungsfreibetrag und Werbungskostenpauschbetrag) automatisch berücksichtigt. Weil eine Werkspension über das Lohnsteuerverfahren besteuert wird, wird sie nicht über das Kontrollsystem für Alterseinkünfte gemeldet, denn das Finanzamt weiß durch das Lohnsteuermeldungen schon über solche Betriebsrenten Bescheid.

Wenn Sie mehrere Werkspensionen beziehen, kann es passieren, dass Sie jeweils die kompletten Freibeträge berechnet bekommen. Das müssen Sie dann im Folgejahr mit einer Steuererklärung richtigstellen. In den Formularen zur Einkommensteuererklärung wird die Werkspension in der Anlage N eingetragen. N steht für *Einkünfte aus nichtselbstständiger Arbeit.* Eine Werkspension wird nicht bei den Renten in Anlage R erfasst. Wie gesagt, steuerrechtlich handelt es sich um aufgeschobenen Lohn. Ihre Werkspension müssen Sie in der Anlage N im Abschnitt bei den Versorgungsbezügen eintragen. Hier wird auch der Beginn der Versorgung vermerkt, damit das Finanzamt den Versorgungsfreibetrag und den Zuschlag bestimmen kann.

Noch ein Hinweis für Kenner: Der sogenannte Altersentlastungsbetrag kann bei Werkspensionen nicht geltend gemacht werden. Bei dieser Betrachtung werden Pensionen dann doch wie eine Rente behandelt. Wer dagegen mit 65 Jahren oder später noch Lohn und Gehalt bezieht, hat Anspruch auf den Altersentlastungsbetrag (siehe im Abschnitt *Geförderte betriebliche Altersversorgung* im Unterkapitel *Altersentlastungsbetrag*). Dasselbe gilt für Einkünfte aus Vermietung und Kapital, für geförderte, externe Betriebsrenten und die Riester-Rente.

Betriebsrenten aus Pensionskassen

Eine Betriebsrente, die nicht vom alten Arbeitgeber, sondern von einer Pensionskasse ausgezahlt wird, bezeichnet man nicht als Werkspension und sie wird auch anders besteuert. Eine Pensionskasse ist ein externer Durchführungsweg der betrieblichen Altersversorgung. Externe Betriebsrenten, die derzeit ausgezahlt werden, stammen in der Regel aus Pensionskassen. Vor allem in den Branchen Chemie, Handel, Banken und Versicherungen werden seit langer Zeit Pensionskassen betrieben. Es sind auch Betriebsrenten aus sogenannten Direktversicherungen möglich. Für die wurden aber meistens spezielle Regeln angewandt, die im Abschnitt *Pauschalbesteuerte Direktversicherungen* in diesem Kapitel geschildert werden. Wenn hier von ungeförderten Betriebsrenten die Rede ist, dann wird dabei vorausgesetzt, dass sie vor 2005 vereinbart worden sind. Ungeförderte Betriebsrenten, die später abgeschlossen wurden, werden wie die gesetzliche Rente nach dem Besteuerungsanteil belastet (siehe Abschnitt *Besteuerungsanteil*). Solche Verträge sind aber sehr selten.

Betriebsrenten, die in der aktiven Zeit nicht gefördert wurden, vor 2005 vereinbart worden sind und die von einer Pensionskasse ausgezahlt werden, haben steuerlich einen großen Vorteil. Sie werden nämlich nur nach dem sogenannten Ertragsanteil nach § 22 Nummer 1 Satz 3 a) bb) EStG besteuert, und der liegt ziemlich niedrig. Sie müssen sich also nicht die gesamte Betriebsrente aus einer Pensionskasse zu Ihrem zu versteuernden Einkommen rechnen lassen, sondern nur den Ertragsanteil. Das ist gut für Sie, denn die Besteuerung nach dem Ertragsanteil bringt die geringste Steuerbelastung mit sich.

Dieser Ertragsanteil steht für die Verzinsung Ihrer Einzahlungen, die Sie im Laufe Ihres Rentenbezugs mit ausbezahlt bekommen. Denn das Geld, das Sie oder Ihr Arbeitgeber eingezahlt haben, wird von der Pensionskasse angelegt, sodass Zinsen und andere Erträge erzielt werden. Diese Verzinsung wird aber nicht in jedem Einzelfall ermittelt, sondern pauschal durch den Ertragsanteil festgelegt. Die Höhe des Ertragsanteils richtet sich nach dem Alter zu Beginn der Betriebsrentenzahlung. Je jünger Sie bei Rentenbeginn sind, desto höher liegt der Ertragsanteil, denn desto länger werden Sie, statistisch betrachtet, die Betriebsrente beziehen. Wenn Sie beispielsweise mit 65 Jahren in Rente gehen, bekommen Sie einen Ertragsanteil von 18 Prozent zugeordnet. Eine Tabelle mit den Ertragsanteilen pro Renteneintrittsalter finden Sie im Abschnitt zu den privaten Renten, die genauso besteuert werden. In einer vereinfachten Berechnung können Sie die Besteuerung Ihrer Betriebsrente aus einer Pensionskasse folgendermaßen ermitteln.

Beispiel

Sie beziehen von einer Pensionskasse eine Betriebsrente von 400 Euro brutto im Monat. Das sind 4800 Euro im Jahr. Den Betriebsrentenvertrag haben Sie vor 2005 abgeschlossen. Sie sind mit 65 Jahren in Rente gegangen. Deswegen haben Sie den Ertragsanteil von 18 Prozent zugeteilt bekommen.

400 Euro monatliche Betriebsrente	× 12 Monate	=	4800 Euro Bruttobetriebsrente pro Jahr
4800 Euro	× 18 %	=	864 Euro Ertragsanteil

Da Sie auf Ihre Betriebsrente jeweils den vollen Beitrag zur gesetzlichen Kranken- und Pflegeversicherung zahlen müssen, können Sie diese Ausgaben auch steuerlich geltend machen. Ein Werbekostenpauschbetrag wird hier nicht in Ansatz gebracht, da die Betriebsrente aus einem externen Versorgungswerk in dieselbe Kategorie gehört wie die gesetzliche Rente und davon ausgegangen wird, dass der Pauschbetrag schon für diese verwendet wird. Ähnliches gilt für den Sonderausgabenpauschbetrag, der für jeden Steuerzahler nur einmal angesetzt werden kann.

	864 Euro	Ertragsanteil der Betriebsrente
–	715 Euro	Krankenkassenbeitrag*
–	94 Euro	Pflegeversicherungsbeitrag**
	55 Euro	zählen zum zu versteuernden Einkommen

* Bei einem Krankenkassenbeitragssatz von 14,9 %

** Bei einem Pflegeversicherungsbeitragssatz von 1,95 % (ohne Kinderlosenzuschlag).

Von Ihrer jährlichen Betriebsrente zählen nur 55 Euro zu Ihrem zu versteuernden Einkommen.

Sie sehen, dass die Betriebsrente durch die Ertragsanteilsbesteuerung steuerlich nur gering belastet wird. Wobei die niedrige Steuerbelastung auch die Folge der hohen Abgabenbelastung ist. Da Sie hohe Beiträge zur Kranken- und Pflegeversicherung zahlen müssen, können Sie entsprechend hohe

Beträge absetzen und verringern dadurch Ihr zu versteuerndes Einkommen.

Ihre Pensionskasse schickt Ihnen einmal im Jahr eine *Mitteilung über steuerpflichtige Leistungen aus einem Altersvorsorgevertrag oder aus einer betrieblichen Altersversorgung (§ 22 Nr. 5 EStG)*. In dieser finden Sie unter Nummer 4 den Betrag Ihrer Betriebsrente, den Sie in Ihrer Steuererklärung eintragen. In der Steuererklärung wird eine ungeförderte Betriebsrente aus einem externen Versorgungswerk in der Anlage R im Abschnitt *Leistungen aus Altersvorsorgeverträgen und aus betrieblicher Altersversorgung* eingetragen, und zwar in der Zeile, die sich auf die Nummer 4 der Mitteilung bezieht.

Zusatzversorgung im öffentlichen Dienst

Die Zusatzversorgung des öffentlichen Dienstes bietet den Arbeitern und Angestellten von Bund, Ländern, Gemeinden und den Kirchen flächendeckend eine betriebliche Altersversorgung. Diese Zusatzversorgung wird von eigenständigen Versorgungswerken betrieben. Entweder von der Versorgungsanstalt des Bundes und der Länder (VBL) oder von einzelnen Zusatzversorgungskassen (ZVK) der Kommunen beziehungsweise der Kirchen.

Auch die Renten aus der Zusatzversorgung des öffentlichen Dienstes werden in der Regel nach dem Ertragsanteil besteuert. Für sie gelten also dieselben steuerlichen Vorschriften, wie sie oben zu den Betriebsrenten aus Pensionskassen ausgeführt worden sind. Wenn Sie eine Zusatzrente des öffentlichen Dienstes beziehen, können Sie sich also weitgehend nach den Regeln richten, wie sie oben geschildert sind. Das liegt auch daran, dass die Beiträge zur VBL oder zu einer anderen ZVK nach dem neuen § 40b EStG pauschal oder vollständig versteuert werden müssen. Diese vorgelagerte Besteuerung hat der Bundesfinanzhof am 7. Mai 2009 bestätigt (Az. VI R 8/07).

Da die Zusatzversorgung im öffentlichen Dienst aber mehrmals umstrukturiert wurde, kann es auch zu anderen Besteuerungsformen kommen. So sind mittlerweile geförderte Beiträge möglich, sodass die aus ihnen resultierende Zusatzrente entsprechend voll zu versteuern ist. Zu Detailfragen sollten Sie sich von Ihrem Betriebs- beziehungsweise Personalrat oder von Ihrer Personalabteilung beraten lassen. Wegen der Systemumstellungen sind verschiedene Gerichtsverfahren anhängig, die auch steuerliche Auswirkungen haben können.

Ihre Zusatzversorgungskasse schickt Ihnen einmal im Jahr eine *Mitteilung über steuerpflichtige Leistungen aus einem Altersvorsorgevertrag oder aus einer betrieblichen Altersversorgung (§ 22 Nr. 5 EStG)*. In dieser finden Sie unter Nummer 4 den Betrag Ihrer Zusatzversorgung, den Sie in Ihrer Steuererklärung in der Anlage R im Abschnitt *Leistungen aus Altersvorsorgeverträgen und aus betrieblicher Altersversorgung* eintragen (in der Zeile, die sich auf die Nummer 4 der Mitteilung bezieht).

Wenn Sie noch weitere Renten von der Zusatzversorgungskasse beziehen, stehen diese Leistungen unter anderen Nummern in der Mitteilung und müssen in der Anlage R entsprechend in anderen Zeilen eingetragen werden. Wenn Sie zum Beispiel auch eine geförderte Betriebsrente von Ihrer Zusatzversorgungskasse gezahlt bekommen, steht diese unter der Nummer 1 in der Mitteilung (siehe Abschnitt *Geförderte betriebliche Altersversorgung*).

Pauschalbesteuerte Direktversicherungen

Wenn Sie eine Betriebsrente beziehen, die aus einer Direktversicherung stammt, deren Beiträge pauschal besteuert wurden, unterliegt diese Rente ebenfalls der günstigen Ertragsanteilsbesteuerung. Es gelten also dieselben Regeln wie für eine Betriebsrente aus einer Pensionskasse oder aus der Zusatzversorgung des öffentlichen Dienstes. Das heißt, Ihre Direktversicherung schickt Ihnen einmal im Jahr eine *Mitteilung über steuerpflichtige Leistungen aus einem Altersvorsorgevertrag oder aus einer betrieblichen Altersversorgung (§ 22 Nr. 5 EStG)*. Sie müssen den Betrag unter Nummer 4 in Ihre Steuererklärung in der Anlage R eintragen, in der Zeile, die sich auf die Nummer 4 der Mitteilung bezieht.

Wenn Sie sich das angesparte Geld auf einmal auszahlen lassen, müssen Sie sogar gar keine Steuern zahlen. Voraussetzung dafür ist allerdings, dass der Vertrag mindestens zwölf Jahre gelaufen ist und fünf Jahre Beiträge eingezahlt wurden. Außerdem muss die Todesfallsumme mindestens 60 Prozent der Gesamtbeiträge ausmachen. Hier gelten dieselben Regeln wie für private Kapitallebensversicherungen (siehe Abschnitt *Kapitallebensversicherungen*). Die Steuerfreiheit der Einmalauszahlungen ist selbstverständlich verlockend. Sie müssen aber bedenken, dass Sie das Geld, insofern Sie es wirklich für Ihre Altersversorgung nutzen wollen, neu anlegen müssen, etwa in einer Sofort-Rentenversicherung oder in einen Bankauszahlplan. Die Auszahlungen aus dieser neuen Anlage sind dann steuerpflichtig.

Pauschal besteuerte Verträge konnten bis Ende 2004 nach dem alten § 40b EStG abgeschlossen werden. Die Beiträge wurden einheitlich zu einem Steuersatz von 20 Prozent belastet. Das lohnte sich in erster Linie für besser verdienende Arbeitnehmer, deren persönlicher Steuersatz höher lag.

Direktversicherungen können nach wie vor abgeschlossen werden. Sie werden aber seit 2005 nicht mehr über den Weg der Pauschalbesteuerung gefördert. Stattdessen stehen auch für die Direktversicherungen die üblichen Förderungen zur Verfügung, wie sie im folgenden Abschnitt geschildert werden. Die Direktversicherung ist heute einfach einer von drei internen Durchführungswegen der betrieblichen Altersversorgung.

Geförderte betriebliche Altersversorgung

Wenn heutzutage ein Arbeitnehmer eine Betriebsrente mit seinem Arbeitgeber vereinbart, geschieht das meistens auf Basis der sogenannten Entgeltumwandlung. Das heißt, der Arbeitnehmer zahlt die Beiträge, indem ein Teil seines Lohns oder seines Gehalts abgezweigt wird und in ein Versorgungswerk fließt. Auf diesen Betrag muss der Arbeitnehmer nach § 3 Nummer 63 EStG keine Steuern zahlen. Außerdem sind auch keine Sozialabgaben auf das umgewandelte Gehalt fällig. In dieser Befreiung der Beiträge von Steuern und Sozialabgaben besteht die Förderung der Betriebsrente durch Entgeltumwandlung. Diese Förderung gibt es erst seit 2002. Deswegen werden derzeit nur wenige Senioren eine solche Betriebsrente beziehen. Für mittelalte oder jüngere Arbeitnehmer, die über Entgeltumwandlung für eine Betriebsrente sparen, ist das aber ein wichtiges Thema. Denn die Besteuerung der geförderten Betriebsrenten ist hoch, sie zählen nach § 22 Nummer 5 Satz 1 EStG fast vollständig zum zu versteuernden Einkommen. Diese hohe Steuerbelastung ist sozusagen der Preis für die

Förderung in der aktiven Zeit und damit auch der wesentliche Nachteil der geförderten betrieblichen Altersversorgung. Nur der sogenannte Altersentlastungsbetrag mindert die Steuerbelastung der geförderten Betriebsrenten, solange Sie diesen Freibetrag nicht schon wegen Miet- oder Kapitaleinkünften oder einer Riester-Rente genutzt haben und vorausgesetzt, dass Sie 64 beziehungsweise 65 Jahre oder älter sind.

Wenn Sie Anspruch auf eine geförderte Betriebsrente haben und wissen möchten, was steuerlich auf Sie zukommt, müssen Sie zuerst Ihre jährliche Bruttobetriebsrente ermitteln. Dann müssen Sie den Altersentlastungsbetrag berechnen und von Ihrer Bruttobetriebsrente abziehen. Die Differenz zählt zu Ihrem zu versteuernden Einkommen.

Beispiel

Sie beziehen ab dem Alter von 65 Jahren 2015 eine geförderte Betriebsrente über 400 Euro im Monat. Das sind 4800 Euro. Sie können in Ihrem Renteneintrittsjahrgang einen Altersentlastungsbetrag in Höhe von 24 Prozent der Betriebsrente geltend machen, was in diesem Fall 1 152 Euro wären. Der Altersentlastungsbetrag ist aber für Ihren Jahrgang auf die Höchstgrenze von 1 140 Euro im Jahr beschränkt.

400 Euro monatliche Betriebsrente	× 12 Monate	=	4800 Euro Bruttobetriebsrente pro Jahr
4800 Euro	× 24 %	=	1 152 Euro

1 152 Euro > 1 140 Euro maximaler Altersentlastungsbetrag

Neben dem Altersentlastungsbetrag können Sie auch Ihre Beiträge zur gesetzlichen Kranken- und Pflegeversicherung geltend machen. Auf Leistungen der betrieblichen Altersversorgung sind jeweils die vollen Beiträge fällig, also Arbeitnehmer- und Arbeitgeberanteil. Der Werbungskostenpauschbetrag und der Sonderausgabenpauschbetrag werden nicht angesetzt, weil davon ausgegangen wird, dass beide bereits mit der Hauptrente verrechnet worden sind.

	4800 Euro	Brutto-Betriebsrente
–	1140 Euro	Altersentlastungsbetrag
–	715 Euro	Krankenkassenbeitrag*
–	94 Euro	Pflegeversicherungsbeitrag**
	2851 Euro	zählen zum zu versteuernden Einkommen

* Bei einem Krankenkassenbeitragssatz von 14,9 %

** Bei einem Pflegeversicherungsbeitragssatz von 1,95 % (ohne Kinderlosenzuschlag).

Von Ihren 4800 Euro, die Sie im Jahr brutto an Betriebsrente bekommen, müssen 2851 Euro zu Ihrem zu versteuernden Einkommen gerechnet werden.

Die geförderten Betriebsrenten werden in der Regel von externen Versorgungswerken abgewickelt, also von Pensionskassen, Direktversicherungen oder Pensionsfonds. Letztere sind der jüngste Durchführungsweg der betrieblichen Altersversorgung. Sie wurden 2002 eingeführt. Ihre Pensionskasse, Ihre Direktversicherung oder Ihr Pensionsfonds schickt Ihnen einmal im Jahr eine *Mitteilung über steuerpflichtige Leistungen aus einem Altersvorsorgevertrag oder aus einer betrieblichen Altersversorgung (§ 22 Nr. 5 EStG)*. In dieser finden Sie unter Nummer 1 den Betrag Ihrer geförderten Betriebsrente aus einem externen Versorgungswerk. Diesen müssen Sie in Ihrer

Steuererklärung in der Anlage R im Abschnitt *Leistungen aus Altersvorsorgeverträgen und aus betrieblicher Altersversorgung* in der Zeile eintragen, die sich auf die Nummer 1 der Mitteilung bezieht.

Neben der oben beschriebenen Förderung der Entgeltumwandlung (Steuer- und Abgabenfreiheit der Beiträge) nach § 3 Nummer 63 EStG können Sie auch einen nach Riester geförderten Betriebsrentenvertrag nach § 10a EStG abschließen. Dann erhalten Sie auf den betrieblichen Vertrag Zulagen und können gegebenenfalls den steuerlichen Sonderausgabenabzug nutzen. Ein solcher betrieblicher Riester-Vertrag bringt allerdings einige Nachteile gegenüber einem privaten Riester-Vertrag. Sie müssen bei der betrieblichen Riester-Variante die vollen Beiträge zur gesetzlichen Kranken- und Pflegeversicherung auf Ihre Betriebsrente zahlen und sind generell weniger flexibel als mit einem privaten Vertrag. Steuerlich wird die betriebliche Riester-Rente im Alter genauso wie die nach § 3 Nummer 63 EStG geförderte Betriebsrente behandelt. Eine betriebliche Riester-Rente wird also gegebenenfalls abzüglich des Altersentlastungsbetrags voll zu Ihrem zu versteuernden Einkommen gerechnet.

Altersentlastungsbetrag

Der Altersentlastungsbetrag nach § 24a EStG kommt älteren Steuernzahlern zugute, wenn sie bestimmte Einkünfte beziehen. Das sind Renten aus der geförderten, externen, betrieblichen Altersversorgung, Riester-Renten, Mieteinkünfte und Kapitaleinkünfte. Auch wenn ein Senior Lohn, Gehalt oder andere Erwerbseinkünfte bezieht, kann er den Altersentlastungsbetrag geltend machen. Anders ausgedrückt, immer dann, wenn nicht nach dem Besteuerungs- oder dem Ertragsanteil besteuert wird und auch der Versorgungsfreibetrag nicht gewährt wird, kommt der Altersentlastungsbetrag zum Zuge. Um diesen Freibetrag in Anspruch nehmen zu können, muss der Steuerzahler allerdings mindestens 64 beziehungsweise 65 Jahre sein. Die etwas umständliche Regel im EStG lautet: Der Altersentlastungsbetrag wird ab dem Kalenderjahr gewährt, das dem Jahr folgt, in dem der Betroffene 64 Jahre alt geworden ist. Der Altersentlastungsbetrag wird vom Finanzamt automatisch berechnet, das heißt, Sie müssen ihn nicht in den Steuerformularen eintragen.

Ehepartner haben, wenn sie alt genug sind, jeweils beide Anspruch auf den Freibetrag. Deswegen kann es sich lohnen, Einkünfte zwischen den Eheleuten so zu verteilen, dass die beiden Altersentlastungsbeträge die Steuerbelastung so stark wie möglich verringern. Das geht bei Kapital- oder Mieteinkünften relativ einfach.

WISO rät

Ehepaare sollten ihre Einkünfte nach Möglichkeit so aufteilen, dass ihre Altersentlastungsbeträge optimal wirken.

Der Altersentlastungsbetrag kommt in erster Linie den Senioren und den älteren Erwerbstätigen von heute zugute, denn auch er wird abgeschmolzen. Die Höhe des Altersentlastungsbetrags richtet sich nach dem Kalenderjahr, in dem Sie 65 Jahre alt werden. Dieser Betrag bleibt Ihnen bis zum Lebensende erhalten. Wer vor 2006 65 Jahre alt geworden ist, hat Anspruch auf den vollen Altersentlastungsbetrag in Höhe von 40 Prozent der relevanten Einkünfte, bei einem

Höchstbetrag von 1900 Euro im Jahr. Wer dagegen 2010 65 Jahre alt wurde, hat nur noch Anspruch auf einen Altersentlastungsbetrag in Höhe von 32 Prozent und höchstens 1520 Euro im Jahr. 2020 sind es nur noch 16 Prozent und 760 Euro jährlich. Wer 2040 oder später 65 Jahr alt wird, hat gar keinen Anspruch mehr.

Altersentlastungsbetrag ab dem jeweiligen 65. Geburtstag

Kalenderjahr des 65. Geburtstags	Freibetrag in Prozent	Höchstbetrag in Euro
2005	40,0	1900
2006	38,4	1824
2007	36,8	1748
2008	35,2	1672
2009	33,6	1596
2010	32,0	1520
2011	30,4	1444
2012	28,8	1368
2013	27,2	1292
2014	25,6	1216
2015	24,0	1140
2016	22,4	1064
2017	20,8	988
2018	19,2	912
2019	17,6	836
2020	16,0	760
2021	15,2	722
2022	14,4	684
2023	13,6	646

Kalenderjahr des 65. Geburtstags	Freibetrag in Prozent	Höchstbetrag in Euro
2024	12,8	608
2025	12,0	570
2026	11,2	532
2027	10,4	494
2028	9,6	456
2029	8,8	418
2030	8,0	380
2031	7,2	342
2032	6,4	304
2033	5,6	266
2034	4,8	228
2035	4,0	190
2036	3,2	152
2037	2,4	114
2038	1,6	76
2039	0,8	38
2040	0,0	0

Sie sehen, dass die Staffelung der Prozentwerte der des Versorgungsfreibetrags entspricht. Die Höchstwerte des Altersentlastungsbetrags fallen aber deutlich niedriger aus. Deswegen erreicht der Altersentlastungsbetrag längst nicht die Wirkung des Versorgungsfreibetrags.

Geförderte Werkspensionen

Wie oben angesprochen, werden die meisten geförderten Betriebsrenten über externe Versorgungswerke organisiert. Es ist aber auch möglich, eine geförderte betriebliche Altersversorgung intern abzuwickeln, also als Direktzusage oder über eine Unterstützungskasse. Dann wird die geförderte Betriebsrente als Werkspension bezeichnet und es gelten dieselben Besteuerungsregeln wie für die ungeförderte Werkspension (siehe *Werkspensionen* im Kapitelabschnitt *Ungeförderte betriebliche Altersversorgung*). Das hat einen wesentlichen Vorteil für den Betriebsrentner. Denn bei einer Werkspension können der Versorgungsfreibetrag und der Zuschlag zum Versorgungsfreibetrag geltend gemacht werden, während bei den geförderten Betriebsrenten aus externen Versorgungswerken nur Anspruch auf den Altersentlastungsbetrag besteht. Der Versorgungsfreibetrag bringt, wie gesagt, mehr, denn die Höchstbeträge liegen beim Versorgungsfreibetrag höher. Dieser Effekt wird durch den Zuschlag zum Versorgungsfreibetrag nochmals verstärkt.

In der Praxis werden geförderte Werkspensionen so wie ungeförderte behandelt. Das heißt, Sie müssen bei Ihrem ehemaligen Arbeitgeber, der die Betriebsrente auszahlt, am Lohnsteuerverfahren teilnehmen, sodass mögliche Steuern bei jeder monatlichen Auszahlung einbehalten werden, genauso wie bei Arbeitnehmern. In den Steuerformularen ist daher auch die geförderte Werkspension in der Anlage N einzutragen, im Abschnitt bei den Versorgungsbezügen.

Einmalzahlungen

Die betriebliche Altersversorgung muss zwar grundsätzlich eine Rentenzahlung vorsehen, kurz vor Beginn des Ruhestands lässt sich aber in der Regel eine Einmalauszahlung des gesamten angesparten Kapitals vereinbaren. Solche Abfindungen führen aber zu einer hohen steuerlichen Belastung, denn es geht hier meist um höhere Beträge, sodass durch die Progression ein hoher Steuersatz verlangt wird. Ein wenig wird diese Belastung durch die sogenannte Fünftelungsregelung nach § 34 Absatz 2 Nummer 4 EStG gemildert. Das gilt aber nur, wenn die abgefundenen Betriebsrenten aus einem internen Versorgungswerk stammen, also aus einer Direktzusage oder einer Unterstützungskasse, weil nur sie als außerordentliche Einkünfte im Sinne des Einkommensteuergesetzes gelten. Dagegen zählen Einmalzahlungen von externen Versorgungswerken (Pensionskasse, Direktversicherung, Pensionsfonds) abzüglich des Altersentlastungsbetrags komplett zum zu versteuernden Einkommen eines Jahres.

Wenn Sie in den Genuss der Fünftelungsregelung kommen, wird folgende Rechnung angestellt: Im ersten Schritt werden Ihr bisheriges zu versteuerndes Einkommen und ein Fünftel Ihrer Abfindung zusammengezählt. Auf diesen Betrag wird die Steuerbelastung berechnet. Von dieser fiktiven Steuerschuld wird die Steuerbelastung Ihres bisherigen Einkommens abgezogen. Die Differenz wird mit fünf multipliziert. Das Ergebnis ist die tatsächliche Steuerbelastung Ihrer Abfindung. Diese Berechnung verringert meist die Steuerbelastung. Je nach Einkommenssituation kann die Fünftelungsregel aber auch zu Nachteilen führen. Deswegen sollten Sie erst rechnen und dann die Bedingungen der Abfindung im Detail klären. Um die Fünftelungsregelung zu nutzen, muss die Abfindung in einem Kalenderjahr ausgezahlt werden. Wird über mehrere Jahre hinweg ausgezahlt, wird die Fünftelungsregelung nicht angewandt, denn es muss sich um eine sogenannte Zusammenballung von Einnahmen handeln. Außerdem muss die

Abfindung Ihr Einkommen wirklich erhöhen und darf nicht nur normales Gehalt ersetzen. Wenn Sie die Fünftelungsregelung umgehen wollen, sollten Sie sich das Geld auf zwei oder mehr Jahre verteilt auszahlen lassen.

Steuern auf private Renten

Wer privat fürs Alter vorsorgt, zahlt Beiträge an ein Versicherungsunternehmen und bekommt später im Ruhestand monatlich eine Zusatzrente ausgezahlt. Auch die Basisrente, die auch als Rürup-Rente bezeichnet wird, ist normalerweise ein Versicherungsprodukt. Die sogenannte Riester-Rente wird von Banken und Fondsgesellschaften angeboten. Je nachdem was für einen Vertrag Sie abgeschlossen haben, ob er gefördert wird und welche Auszahlungsform Sie wählen, gelten unterschiedliche Besteuerungsregeln. Zu diesen privaten Verträgen zählen auch Berufs- oder Erwerbsunfähigkeitsversicherungen, die Ihnen für den Fall Ihrer Invalidität eine Rente zahlen. Auch diese Leistungen werden besteuert.

Ungeförderte private Altersrenten

Wenn Sie im Alter eine ungeförderte private Rente beziehen, genießen Sie steuerlich einen großen Vorteil. Die private Altersrente, die bis zum Lebensende läuft, wird steuerlich nur wenig belastet, denn nach § 22 Nummer 1 Satz 3 a) bb) EStG wird im Alter nur ein Teil Ihrer Privatrente zu Ihrem zu versteuernden Einkommen gerechnet, der sogenannte Ertragsanteil. Insofern wird die ungeförderte private Altersrente so wie die ungeförderte Betriebsrente, die von einer Pensionskasse gezahlt wird, besteuert (siehe im Abschnitt *Ungeförderte betriebliche Altersversorgung* im Unterkapitel *Betriebsrenten aus Pensionskassen*). Im Alter werden Sie mit einer ungeförderten Rente geschont, weil Sie in der aktiven Zeit keine Zulagen oder Steuererleichterungen in Anspruch genommen haben, eben keine Förderung erhalten haben. Dagegen werden die geförderten Privatrenten im Alter deutlich härter besteuert.

Ertragsanteil

Der Ertragsanteil richtet sich nach Ihrem Lebensjahr, in dem Sie die Rente das erste Mal beziehen. Wenn Sie Ihre Privatrente oder ungeförderte Betriebsrente von einer Pensionskasse beispielsweise ab dem 65. Lebensjahr gezahlt bekommen, wird Ihnen ein Ertragsanteil von 18 Prozent zugeordnet. In diesem Fall werden nur 18 Prozent Ihrer privaten Rente zu Ihrem zu versteuernden Einkommen gezählt. Der Rest spielt für das Finanzamt keine Rolle. Wenn Sie die Privatrente dagegen schon mit 60 Jahren erhalten, müssen Sie einen Ertragsanteil von 22 Prozent hinnehmen. Das liegt daran, dass Sie die Rente aller Voraussicht nach länger beziehen, wenn die Rentenzahlung früher beginnt. In der Summe bekommen Sie also mehr Geld ausgezahlt. Entsprechend fällt der Ertragsanteil niedriger aus, wenn Sie später in Rente gehen. Wer ab dem 70. Lebensjahr eine Privatrente gezahlt bekommt, muss nur 15 Prozent dieser Leistung zu seinem zu versteuernden Einkommen rechnen. Der Ertragsanteil gilt bis zu Ihrem Lebensende. Er wird vom Finanzamt berechnet und taucht daher in den Steuerformularen nicht auf.

Ertragsanteil ab dem jeweiligen Eintrittsalter

Eintrittsalter in Jahren	Ertragsanteil in Prozent	Eintrittsalter in Jahre	Ertragsanteil in Prozent
50	30	51	29
52	29	53	28
54	27	55	26
56	26	57	25
58	24	59	23
60	22	61	22
62	21	63	20
64	19	65	18
66	18	67	17
68	16	69	15
70	15	71	14
72	13	73	13
74	12	75	11
76	10	77	10
78	9	79	9
00	8		

Beispiel

Sie sind 63 Jahre alt geworden und beziehen ab diesem Jahr eine private Rente, die Ihnen ein Versicherungsunternehmen zahlt. Die Privatrente beträgt 400 Euro brutto im Monat. Das sind 4800 Euro im Jahr. Da Ihre private Rente ab Ihrem 63. Lebensjahr gezahlt wird, hat man Ihnen den Ertragsanteil von 20 Prozent zugeordnet. Der Werbungskosten- und der Sonderausgabenpauschbetrag werden hier nicht angesetzt, weil davon ausgegangen wird, dass die

Pauschalen bereits bei der Hauptrente genutzt worden sind.

400 Euro monatliche Privatrente	× 12 Monate	=	4800 Euro Bruttoprivatrente pro Jahr
4800 Euro	× 20 %	=	960 Euro Ertragsanteil

Von Ihrer privaten Rente zählen im Jahr 960 Euro zu Ihrem zu versteuernden Einkommen.

Da Sie auf die private Rente keine Beiträge zur gesetzlichen Krankenkasse und zur gesetzlichen Pflegeversicherung zahlen müssen, spielen diese Beiträge hier keine Rolle.

Der Ertragsanteil steht im Steuerrecht pauschal für die Verzinsung des eingezahlten Geldes. Ihre Einzahlungen selbst werden nicht noch einmal besteuert, schließlich haben Sie Ihre Beiträge in der aktiven Zeit aus versteuertem Einkommen gezahlt und Ihre Beiträge wurden somit nicht gefördert. Nur die Erträge, also Zinsen und andere Gewinne, werden versteuert, und dies auch nicht konkret, wie gesagt, sondern pauschal über den Ertragsanteil. Das heißt, es wird je nach Eintrittsalter eine Verzinsung unterstellt. Ob die tatsächliche Verzinsung niedriger oder höher ausfällt, ist nicht von Bedeutung. Die Ertragsanteile nach § 22 Nummer 1 Satz 3 a) bb) EStG sind mit einer Verzinsung von 3 Prozent pro Jahr gerechnet worden. Die restliche Lebenserwartung wurde auf Basis der Sterbetafeln des Statistischen Bundesamtes von Anfang dieses Jahrhunderts ermittelt. So wurde zum Beispiel für einen 65-Jährigen von einer durchschnittlichen Restlebenserwartung von 17 Jahren ausgegangen.

Die Tabelle der Ertragsanteile wurde 2005 erneuert. Bis dahin galten für die gesetzliche, die betriebliche und die private Rente dieselben Werte. Nach neuem Recht gilt die Ertragsanteilsbesteuerung nur noch für private und bestimmte betriebliche Renten (siehe im Abschnitt *Ungeförderte betriebliche Altersversorgung* im Unterkapitel *Betriebsrenten aus Pensionskassen*). Das alte Recht ging von einer jährlichen Verzinsung von 5,5 Prozent pro Jahr aus und einer Lebenserwartung mit 65 Jahren von weiteren 14 Jahren nach der Sterbetafel von 1986/88. Hier lagen die Ertragsteile entsprechend höher. Bei einem Renteneintritt mit 65 Jahren beispielsweise wurde ein Ertragsanteil von 27 Prozent zugeordnet, bei einem Rentenbeginn mit 60 Jahren ein Ertragsanteil von 32 Prozent. Die steuerlichen Ertragsanteile lagen damals relativ hoch, um gesetzliche Renten wenigstens ab einer bestimmten Höhe besteuern zu können. Seitdem die gesetzlichen Renten grundsätzlich anders als die privaten und die betrieblichen Renten besteuert werden, hat sich dieses Problem erledigt.

Das Versicherungsunternehmen, von dem Sie Ihre private Rente beziehen, schickt Ihnen einmal im Jahr eine Mitteilung über den Betrag Ihrer Privatrente. Wenn Sie eine Steuererklärung abgeben müssen, tragen Sie diesen Betrag in der Anlage R im unteren Abschnitt *Leibrenten* ein. Im Steuerformular steht zur Einordnung 6 = *aus privaten Rentenversicherungen.* Deswegen müssen Sie über der Spalte, in der Sie Ihre Privatrente anführen, eine 6 eintragen. Im oberen Abschnitt *Leibrenten* werden die gesetzlichen Renten, die berufsständischen und die landwirtschaftlichen Renten und die Basisrente eingetragen. Im unteren Abschnitt *Leibrenten* werden rein private, also ungeförderte Renten eingetragen.

Achtung!
Verwechseln Sie in der Steuererklärung nicht den oberen Abschnitt *Leibrenten* mit dem unteren.

Kapitalwahlrecht

Ungeförderte private Rentenversicherungsverträge räumen Ihnen in der Regel ein sogenanntes Kapitalwahlrecht ein. Das heißt, Sie können sich das angesparte Geld nach Ablauf der Einzahlungsphase auf einmal auszahlen lassen. Dann verwandelt sich die private Rentenversicherung quasi in eine Kapitallebensversicherung: Nach dem Ansparen wird alles auf einmal ausgezahlt und der Vertrag ist beendet. Wenn Sie das ausgezahlte Geld allerdings für Ihre Altersversorgung nutzen wollen, müssen Sie es so anlegen, dass Sie regelmäßige Auszahlungen erhalten.

Egal, was Sie mit dem Geld vorhaben, für die Kapitalauszahlung gelten andere Steuerregeln als für Renten. Einmalleistungen sind steuerrechtlich keine Renten, sondern Kapitaleinkünfte. Diese Regeln sind in Abschnitt *Steuern auf Zinsen und andere Kapitaleinkünfte* ausführlich dargestellt.

Private Berufsunfähigkeitsrenten

Wenn Sie aus gesundheitlichen Gründen eine private Berufsunfähigkeitsrente oder eine private Erwerbsunfähigkeitsrente beziehen, wird diese Leistung anders als eine private Altersrente behandelt. Denn eine Altersrente wird bis zum

Lebensende gezahlt. Somit ist zu Rentenbeginn nicht klar, wie lange die Rente zu leisten ist. Das ist bei Invalidenrenten anders. Sie werden normalerweise ab dem Eintritt der gesundheitlichen Beeinträchtigung bis zum Wechsel in die Altersrente gezahlt. Daher ist die Laufzeit der Rentenzahlung absehbar. Wer beispielsweise ab 55 Jahren eine Berufsunfähigkeitsversicherung gezahlt bekommt und ab 66 Jahren Anspruch auf eine Altersrente hat, weiß, dass seine Berufsunfähigkeitsrente elf Jahre lang gezahlt wird. Einmal abgesehen von einer möglichen Gesundung, wodurch der Anspruch auf die Berufsunfähigkeitsrente entfiele.

Das Steuerrecht spricht hier von abgekürzten Leibrenten, die jeweils einen besonderen Ertragsanteil zugeordnet bekommen. Sie sind in der Einkommensteuer-Durchführungsverordnung (EStDV) in § 55 Absatz 2 geregelt. In der Tabelle können Sie sehen, dass der besondere Ertragsanteil umso höher ausfällt, je länger die Rente bezogen wird.

Besonderer Ertragsanteil nach der jeweiligen Laufzeit

Dauer der Rente in Jahren	Ertragsanteil in Prozent	Dauer der Rente in Jahren	Ertragsanteil in Prozent
1	0	2	1
3	2	4	4
5	5	6	7
7	8	8	9
9	10	10	12
11	13	12	14
13	15	14	16
15	16	16	18

Dauer der Rente in Jahren	Ertragsanteil in Prozent	Dauer der Rente in Jahren	Ertragsanteil in Prozent
17	18	18	19
19	20	20	21
21	22	22	23
23	24	24	25
25	26	26	27
27	28	28	29
29	30	30	30
31	31	32	32
33	33	34	34
35	35	36	35
37	36	38	37
39	38	40	39
41	39	42	40
43	41	44	41
45	42	46	43
47	43	48	44
49	45	50	45
51	46	52	46
53	47	54	48
55	48	56	49
57	49	58	50
59	50	60	51
61	51	62	52
63	52	64	53
65	53	66	54
67	54	68	55
69	55	70	56

Dauer der Rente in Jahren	Ertragsanteil in Prozent	Dauer der Rente in Jahren	Ertragsanteil in Prozent
71	56	72	57
73	57	74	57
75	58	76	58
77	59	78	59
79	59	ab 80	–

Die Tabelle gilt für alle ungeförderten Renten, deren Laufzeit begrenzt ist, die also nicht bis zum Lebensende des Beziehers gezahlt werden. In der Praxis geht es meistens um private Invalidenrenten. Für die gesetzlichen Erwerbsminderungsrenten gelten andere Regeln (siehe im Abschnitt *Besteuerungsanteil* das Unterkapitel *Erwerbsminderungsrenten*)

Beispiel

Mit 55 Jahren erleiden Sie einen Bandscheibenvorfall und können Ihren Beruf nicht mehr ausüben. Von einem privaten Versicherungsunternehmen bekommen Sie eine Berufsunfähigkeitsrente in Höhe von 1 000 Euro im Monat gezahlt. Ab Ihrem 66. Lebensjahr haben Sie Anspruch auf eine gesetzliche Altersrente. Ihre Berufsunfähigkeitsrente wird also elf Jahre laufen. Deswegen bekommen Sie den besonderen Ertragsanteil von 13 Prozent zugeordnet.

1 000 Euro monatliche Berufsunfähigkeitsrente	× 12 Monate	= 12 000 Euro Bruttoberufsunfähigkeitsrente pro Jahr
12 000 Euro	× 13 %	= 1 560 Euro Ertragsanteil

Von Ihrer privaten Berufsunfähigkeitsrente zählen im Jahr 1560 Euro zu Ihrem zu versteuernden Einkommen. Von diesem Betrag können Sie gegebenenfalls noch den Werbungskosten- und den Sonderausgabenpauschbetrag abziehen, wenn diese Pauschalen nicht schon anderweitig angesetzt werden.

In den Steuerformularen müssen Sie eine private Berufsunfähigkeits- oder Erwerbsunfähigkeitsrente in der Anlage R im unteren Abschnitt *Leibrenten* eintragen. Hier steht zur Einordnung 7 = *aus privaten Rentenversicherungen mit zeitlich befristeter Laufzeit*. Deswegen müssen Sie über der Spalte, in der Sie Ihre Rente eintragen, eine 7 einfügen.

Riester-Rente

Die Riester-Rente nach § 10a EStG hat einige Vorteile. Sie bekommen als Riester-Sparer Zulagen gezahlt und können Ihre Beiträge gegebenenfalls im Rahmen des Sonderausgabenabzugs steuerlich geltend machen. Außerdem bietet die Riester-Rente eine große Flexibilität, Auswahl und Transparenz. Sie hat aber auch einen großen Nachteil und der liegt in der Besteuerung im Alter. Dann zählt sie nämlich nach § 22 Nummer 5 Satz 1 EStG fast vollständig zum zu versteuernden Einkommen. Das heißt, der Staat holt sich einen Teil der Förderung, die er Ihnen in der Ansparphase angedeihen lässt, in der Rentenphase wieder zurück.

Vom Grundsatz her ist Ihre private Riester-Rente im Alter genauso wie die geförderte Betriebsrente voll zu versteuern (siehe Abschnitt *Geförderte betriebliche Altersversorgung*). Für beide gibt es weder eine Besteuerung nach dem Ertragsanteil noch nach dem Besteuerungsanteil, und auch den Versorgungsfreibetrag dürfen Sie als Riester-Rentner oder Bezieher einer geförderten Betriebsrente nicht geltend machen. Es bleibt Ihnen lediglich der Altersentlastungsbetrag nach § 24a EStG, den Sie von Ihrer Riester-Rente abziehen dürfen, wenn Sie ihn nicht schon anderweitig in Ansatz gebracht haben und wenn Sie alt genug sind. Der Rest zählt zu Ihrem zu versteuernden Einkommen. Der Altersentlastungsbetrag wird aber für die jeweiligen Neu-Rentner jedes Jahr verringert (siehe im Abschnitt *Geförderte betriebliche Altersversorgung* das Unterkapitel *Altersentlastungsbetrag*). Das hat zur Folge, dass viele Riester-Rentner, die ja ihre Verträge erst ab 2002 haben abschließen können, nicht mehr in den Genuss eines spürbaren Altersentlastungsbetrags kommen werden.

Um sich einen Überblick zu verschaffen, rechnen Sie die Riester-Rentenzahlungen eines Jahres zusammen. Von dieser jährlichen Brutto-Riester-Rente ziehen Sie den Altersentlastungsbetrag Ihres Jahrgangs ab. Die Differenz fließt Ihrem zu versteuernden Einkommen zu. Dadurch kommt die mit höchste Steuerbelastung auf Zusatzrenten und -einkünfte zustande.

Beispiel

Sie beziehen 2020 ab dem Alter von 65 Jahren eine Riester-Rente über 400 Euro im Monat. Das sind im Jahr 4800 Euro. Sie können einen Altersentlastungsbetrag in Höhe von 16 Prozent der Riester-Rente geltend machen, was in diesem Fall 768 Euro wären. Das liegt knapp über der Höchstgrenze Ihres Jahrgangs von 760 Euro.

400 Euro monatliche Riester-Rente	× 12 Monate	=	4800 Euro Brutto-Riester-Rente pro Jahr
4800 Euro	× 16 %	=	768 Euro

768 Euro > 760 Euro maximaler Altersentlastungsbetrag

	4800 Euro	Brutto-Riester-Rente
–	760 Euro	Altersentlastungsbetrag
	4040 Euro	fließen zum zu versteuernden Einkommen

Somit werden von Ihren 4800 Euro, die Sie im Jahr brutto an Riester-Rente bekommen, 4040 Euro zu Ihrem zu versteuernden Einkommen gerechnet.

Es wird unterstellt, dass der Werbungskosten- und der Sonderausgabenpauschbetrag bereits anderweitig angesetzt worden sind. Wenn Sie noch zu jung für den Altersentlastungsbetrag sind, zählt Ihre Riester-Rente vollständig zu Ihrem zu versteuernden Einkommen. Auf die private Riester-Rente müssen keine Kranken- und Pflegeversicherungsbeiträge gezahlt werden, sodass hier auch nichts Entsprechendes abgesetzt werden kann. Es gibt, wie im Abschnitt *Geförderte betriebliche Altersversorgung* erwähnt, auch betriebliche Riester-Renten, auf die die vollen Beiträge zu zahlen sind. Genau aus diesem Grund sind betriebliche Riester-Verträge nicht zu empfehlen.

Die Riester-Renten werden bislang von Versicherungsunternehmen, Fondsgesellschaften, Banken und Genossenschaften angeboten. Ihr Anbieter schickt Ihnen einmal im Jahr eine *Mitteilung über steuerpflichtige Leistungen aus einem Altersvorsorgevertrag oder aus einer betrieblichen Altersversorgung (§ 22 Nr. 5 EStG)*. Ihre Riester-Rente finden

Sie hier unter Nummer 1. In der Steuererklärung wird eine Riester-Rente in der Anlage R im Abschnitt *Leistungen aus Altersvorsorgeverträgen und aus betrieblicher Altersversorgung* eingetragen, in der Zeile, die sich auf die Nummer 1 der Mitteilung bezieht.

Basisrente

Die Basisrente ist eine geförderte private Altersvorsorge, die steuerlich wie die gesetzliche Rente behandelt wird. Sie wird auch als Rürup-Rente bezeichnet, nach dem früheren Leiter der Kommission zur Besteuerung der Alterseinkünfte. Die Beiträge zur Basisrente lassen sich zum Teil von der Steuer absetzen. Im Alter zählt die Basisrente dann zum Teil zum zu versteuernden Einkommen, nämlich in demselben Maß wie die gesetzliche Rente. Auch die Basisrente wird nach dem Besteuerungsanteil nach § 22 Nummer 1 Satz 3 a) aa) EStG versteuert. Das heißt, es gilt dieselbe Tabelle, die auch grundlegend für die Besteuerung der gesetzlichen Rente ist (siehe Abschnitt *Besteuerungsanteil*). Nach dieser Tabelle steigt der Besteuerungsanteil für die jeweiligen Neu-Rentner jedes Jahr, sodass Sie, je später Ihre Basisrente ausgezahlt wird, einen umso höheren Besteuerungsanteil zugeordnet bekommen. Das hat, wie auch bei der gesetzlichen Rente, zur Folge, dass mittelalte und jüngere Basisrenten-Kunden teilweise doppelt besteuert werden. Sie müssen gerade am Anfang ihrer Ansparphase ihre Beiträge zur Basisrente zu einem relativ hohen Teil aus versteuertem Einkommen zahlen. Im Alter werden sie wiederum einen großen Teil ihrer Basisrente versteuern müssen.

Der Besteuerungsanteil richtet sich nach dem Kalenderjahr, in dem Sie die Rente das erste Mal beziehen. Dabei wird jede Rente einzeln betrachtet. Wenn beispielsweise Ihre Basisrente ein Jahr später als Ihre gesetzliche Rente beginnt, bekommen Sie zwei verschiedene Besteuerungsanteile zugeteilt, je nach Kalenderjahr des jeweiligen Renteneintritts. Wie bei der gesetzlichen Rente gibt auch bei der Basisrente der Besteuerungsanteil an, welcher Anteil Ihrer Rente steuerlich betrachtet wird. Wenn Sie beispielsweise ab 2015 eine Basisrente beziehen, bekommen Sie für diese Rente einen Besteuerungsanteil von 70 Prozent zugeordnet. Das heißt, 70 Prozent Ihrer Basisrente werden zu Ihrem zu versteuernden Einkommen gezählt. Die restlichen 30 Prozent bleiben außen vor. Diesen Besteuerungsanteil behalten Sie während des gesamten Bezugs dieser Rente.

Beispiel

Sie erhalten ab dem 1. Januar 2015 eine Basisrente in Höhe von 400 Euro monatlich. Das sind im Jahr 4800 Euro. Für das Renteneintrittsjahr 2015 sieht das Einkommensteuergesetz einen Besteuerungsanteil von 70 Prozent vor.

400 Euro monatliche Basisrente	× 12 Monate	=	4800 Euro Bruttobasisrente pro Jahr
4800 Euro	× 70 %	=	3360 Euro Besteuerungsanteil

Von Ihren 4800 Euro Brutto-Basisrente zählen 3360 Euro zu Ihrem zu versteuernden Einkommen.

Auf die Basisrente müssen keine Kranken- und Pflegeversicherungsbeiträge gezahlt werden. Entsprechend können sie nicht abgesetzt werden. Es wird unterstellt, dass der Werbungskosten- und der Sonderausgabenpauschbetrag bereits anderweitig angesetzt worden sind.

Wie im Kapitel zur gesetzlichen Rente gezeigt, wird der Besteuerungsanteil nicht direkt angewandt, sondern es wird noch ein Rentenfreibetrag berechnet. Im Folgejahr, also nach einer möglichen ersten Erhöhung der Rente, wird noch einmal der Besteuerungsanteil berechnet. Wenn man beispielsweise von einer Erhöhung der Basisrente um 1,5 Prozent zum 1. Januar 2016 ausgeht sieht die Rechnung folgendermaßen aus.

Beispiel

Durch die Erhöhung bekommen Sie monatlich nicht mehr 400 Euro, sondern 406 Euro Basisrente gezahlt, sodass Sie im Jahr auf 4872 Euro kommen.

400 Euro alte monatliche Basisrente × 1,5 % = 6 Euro

400 Euro + 6 Euro = 406 Euro neue monatliche Basisrente

406 Euro × 12 Monate = 4872 Euro neue Bruttobasisrente pro Jahr

Von diesen 4872 Euro wird nun erneut der Besteuerungsanteil ermittelt

4872 Euro × 70 % = 3410 Euro Besteuerungsanteil

Die 3410 Euro Besteuerungsanteil werden von der Brutto-Basisrente abgezogen. Die Differenz ist Ihr persönlicher Rentenfreibetrag.

4872 Euro – 3410 Euro = 1462 Euro Rentenfreibetrag

Ihr persönlicher Rentenfreibetrag für Ihre Basisrente beläuft sich auf 1462 Euro. Dieser Betrag bleibt Ihnen für die gesamte Laufzeit der Basisrente erhalten.

Ihren persönlichen Rentenfreibetrag müssen Sie von der jährlichen Bruttobasisrente abziehen, wenn Sie wissen wollen, wie viel von dieser Rente Ihrem zu versteuernden Einkommen zufließt. Da der Rentenfreibetrag ein fester Eurobetrag ist, führen weitere Anhebungen der Basisrente zu einer Erhöhung der Steuerbelastung. Denn der feste Eurobetrag wächst, anders als ein Prozentsatz, nicht mit.

Die Basisrente wird vor allem von Versicherungsunternehmen angeboten. Ihre Versicherung schickt Ihnen einmal im Jahr eine Mitteilung. In den Formularen zur Steuererklärung gehört die Basisrente in die Anlage R und hier in eine der Spalten im oberen Abschnitt *Leibrenten*. Die Spalte muss mit 4 gekennzeichnet werden, denn im Formular heißt es: *4 = Leibrenten aus eigenen kapitalgedeckten Rentenversicherungen.*

Andere Renten

Neben den oben aufgeführten Renten gibt es noch einige andere Renten, die allerdings selten vorkommen. So kann man beispielsweise beim Verkauf einer Immobilie statt eines einmaligen Kaufpreises eine regelmäßige Rente ausmachen, die der Verkäufer vom Käufer gezahlt bekommt. Solche Renten werden in der Regel nach dem Ertragsanteil besteuert, also so wie die private Rente oder ungeförderte Betriebsrenten, die von Pensionskassen gezahlt werden. Dazu muss das veräußerte Objekt allerdings aus versteuertem Einkommen gezahlt worden sein. Deswegen sollten Sie die Besteuerung der Rente im Einzelfall prüfen und sich gegebenenfalls beraten lassen.

Auch Renten aus einer privaten Unfallversicherung werden besteuert. Das unterscheidet sie von Renten aus der gesetzlichen Unfallversicherung, die steuerfrei sind. Wird eine private Unfallrente unbefristet gezahlt, wird sie wie eine private Altersrente nach dem Ertragsanteil versteuert. Ist die Laufzeit der privaten Unfallrente dagegen befristet, wird sie nach dem besonderen Ertragsanteil, also wie eine private Berufsunfähigkeitsrente besteuert. In beiden Fällen ist es aber notwendig, dass die private Unfallrente Einkünfte ersetzt. Wenn sie nur Schadenersatz oder Schmerzensgeld leistet, bleibt sie steuerfrei (siehe Abschnitt *Steuerfreie Renten*).

Unfallrenten und auch Renten aus Veräußerungsgeschäften werden in den Steuerformularen in der Anlage R eingetragen, im Abschnitt zu den *Leibrenten aus privaten Versicherungen*.

Steuern auf Zinsen und andere Kapitaleinkünfte

Viele Senioren haben im Laufe ihres Lebens Geld angespart, das sie auf Sparkonten und in Wertpapieren angelegt haben. Diese Anlagen bringen Zinsen, Kursgewinne, Dividenden, Ausschüttungen oder andere Kapitalerträge. Diese Einkünfte müssen versteuert werden. Nach § 20 EStG müssen Sie auf alle Kapitaleinkünfte oberhalb der Freibeträge Einkommensteuer zahlen. Zinsen und die anderen Kapitalerträge zählen fast vollständig zum zu versteuernden Einkommen. Nur der Sparerpauschbetrag und eventuell der Altersentlastungsbetrag mindern die Steuerbelastung. Es spielt keine Rolle mehr, aus welcher Anlageform die Erträge stammen. Vom Sparbuch über den Bausparvertrag und den Aktienfonds bis zu Zertifikaten sind alle betroffen. Ausnahmen gelten nur für Anlagen, in die vor 2009 eingezahlt wurde (siehe Abschnitt *Altfälle*).

Mit der Besteuerung von Kapitaleinkünften verhält es sich in einem Punkt grundsätzlich anders als mit der Besteuerung von Renten. Denn während die meisten Renten nachträglich, also im Folgejahr, veranlagt werden, ist die Einkommensteuer auf Kapitalerträge sofort fällig. Das heißt, wenn beispielsweise Zinsen an Sie zu zahlen sind, behält die Bank die Steuern auf diese Erträge ein und führt sie in Ihrem Namen ans Finanzamt ab. Dieses Verfahren nennt man Quellenbesteuerung. Da diese Quellenbesteuerung seit 2009 abgeltende Wirkung hat, wird sie als Abgeltungsteuer bezeichnet. Sie selbst erhalten nur den Nettoertrag, also die Zinsen abzüglich der Steuern. Es gibt aber trotz Abgeltungsteuer Mittel und Wege, diesen Steuerfluss für kleinere bis mittlere Erträge zu verhindern.

Sparerpauschbetrag

Am leichtesten können Sie Steuern auf Kapitaleinkünfte mit dem Sparerpauschbetrag vermeiden. Er beträgt pro Person 801 Euro im Jahr. Er setzt sich zusammen aus dem alten Sparerfreibetrag über 750 Euro und der Werbungskostenpauschale von 51 Euro. 801 Euro darf jeder Anleger in Deutschland an Zinsen und anderen Kapitaleinkünften jährlich einnehmen, ohne dass er dem Fiskus etwas davon abgeben muss. Die ersten 801 Euro an Kapitaleinkünften sind also steuerfrei. Solange Sie mit Ihren Zinsen und Gewinnen innerhalb dieses Betrags bleiben, müssen Sie sich, was die Kapitaleinkünfte angeht, keine Gedanken um Ihre Steuerbelastung machen.

In der Praxis müssen Sie allerdings bei Ihrer Bank einen Freistellungsauftrag stellen. Damit können Sie maximal die 801 Euro an Zinsen und anderen Kapitaleinkünften im Jahr steuerfrei stellen, sodass Sie Erträge bis in diese Höhe vollständig ausgezahlt bekommen. Die Bank behält in diesem Rahmen keine Steuern ein. Sie können den Sparerpauschbetrag auch auf mehrere Institute aufteilen. Wichtig ist, dass die Freistellungsaufträge in der Summe nicht mehr als 801 Euro pro Jahr und Person steuerfrei stellen. Ehepaare, die gemeinsame Konten haben und zusammen veranlagt werden, können insgesamt den doppelten Betrag steuerfrei stellen, also 1 602 Euro im Jahr.

Abgesehen davon, dass Sie gegebenenfalls verschiedene Freistellungsaufträge im Blick behalten müssen, ist das Verfahren eine recht einfache Methode, Steuerzahlungen zu vermeiden. Der Umfang der Steuerbefreiung ist allerdings begrenzt. Bei einem Zinssatz von 4 Prozent können Sie 20 025 Euro ein Jahr lang anlegen und erhalten 801 Euro an Zinsen. Bei einem Zinssatz von 3 Prozent sind es 26 700 Euro, bei 5 Prozent Zinsen 16 020 Euro.

Nichtveranlagungsbescheinigung

Wenn Sie höhere Kapitaleinkünfte haben, aber ansonsten eine durchschnittliche gesetzliche Rente beziehen, dann können Sie mit einer Nichtveranlagungsbescheinigung bis zu einem gewissen Umfang verhindern, dass die Bank Steuern einbehält, auch wenn Ihre Kapitalerträge über dem Sparerpauschbetrag liegen. Wenn Sie Ihrer Bank eine Nichtveranlagungsbescheinigung vorlegen, behält sie keine Steuern ein, denn mit diesem Dokument bestätigt das Finanzamt, dass Ihr Einkommen insgesamt so niedrig ist, dass Sie keine Steuern zahlen müssen. Eine Nichtveranlagungsbescheinigung müssen Sie beim Finanzamt beantragen. Der Antrag ist so etwas wie eine kleine Steuererklärung. Hier werden Ihre Einkünfte zusammengestellt, aber auch Ihre Kosten, Versicherungsbeiträge und andere Ausgaben berücksichtigt. Ziel ist es festzustellen, dass Ihr zu versteuerndes Einkommen nach Abzug aller Positionen nicht mehr als 8 004 Euro im Jahr beträgt, dem steuerlichen Grundfreibetrag, der für das Existenzminimum steht, das nicht besteuert werden darf. Wenn Sie unter diesem Betrag bleiben, müssen Sie keine Steuern zahlen. Genau das wird Ihnen mit der Nichtveranlagungsbescheinigung bestätigt. Dann lohnt es sich auch für das Finanzamt nicht, dass die Bank Steuern einbehält, denn die würden Sie sich im nächsten Jahr mit einer Steuererklärung wiederholen. Diese ganze Arbeit spart man sich, indem man von vornherein feststellt, dass die Einkünfte nicht mehr als 8 004 Euro betragen. Diese Zahl gilt für Ledige. Für Ehepaare gilt der doppelte Betrag, also 16 008 Euro im Jahr.

Mit einer Nichtveranlagungsbescheinigung, im Jargon der Finanzämter auch kurz NV-Bescheinigung genannt, lassen sich durchaus höhere Kapitalerträge steuerfrei stellen. Ein Senior, der 2010 mit 65 in den Ruhestand geht und im Monat 1 000 Euro gesetzliche Rente bekommt, kann mehr als 4 200 Euro im Jahr an Zinsen und anderen Kapitaleinkünften einnehmen, ohne Steuern zahlen zu müssen, wenn er eine Nichtveranlagungsbescheinigung vorlegt.

Beispiel

Sie beziehen im Monat 1 000 Euro als gesetzliche Rente, die 2010 begonnen hat. Das sind 12 000 Euro Bruttorente im Jahr. Ihnen wird der Besteuerungsanteil von 60 Prozent zugeteilt.

1 000 Euro monatliche Rente	× 12 Monate =	12 000 Euro Brutto-Jahresrente pro Jahr
12 000 Euro Brutto-Besteuerungsanteil	× 60 % =	7 200 Euro Besteuerungsanteil

Von den 7 200 Euro können Sie, wie üblich, die Pauschalen und Ihre Sozialversicherungsbeiträge abziehen. Eine mögliche Rentenanpassung sowie die Berechnung des Rentenfreibetrags bleiben der Einfachheit halber außen vor.

	7 200 Euro	Besteuerungsanteil
–	102 Euro	Werbungskostenpauschbetrag
–	36 Euro	Sonderausgabenpauschbetrag
–	948 Euro	Krankenkassenbeitrag*
–	234 Euro	Pflegeversicherungsbeitrag**
	5 880 Euro	zu versteuerndes Einkommen aus gesetzlicher Rente

* Bei einem Krankenkassenbeitragssatz von 7,9 % (Eigenanteil)

** Bei einem Pflegeversicherungsbeitragssatz von 1,95 % (ohne Kinderlosenzuschlag)

An Kapitaleinkünften haben Sie 4 200 Euro im Jahr. Da Sie 65 Jahre alt sind, können Sie den Altersentlastungsbetrag in

Anspruch nehmen. Dieser Freibetrag liegt in Ihrem Fall bei 32 Prozent beziehungsweise bei höchstens 1520 Euro. Der Sparerpauschbetrag steht Ihnen sowieso zu.

4200 Euro	Kapitaleinkünfte
– 1344 Euro	32 % Altersentlastungsbetrag
– 801 Euro	Sparerpauschbetrag
2055 Euro	zu versteuerndes Einkommen aus Kapitaleinkünften
5880 Euro	zu versteuerndes Einkommen aus gesetzlicher Rente
+ 2055 Euro	zu versteuerndes Einkommen aus Kapitaleinkünften
7935 Euro	zu versteuerndes Einkommen insgesamt

Sie können mithilfe einer Nichtveranlagungsbescheinigung rund 4200 Euro Kapitaleinkünfte im Jahr steuerfrei einnehmen. Denn Ihr zu versteuerndes Einkommen von 7935 Euro liegt unter dem Grundfreibetrag von 8004 Euro, sodass Sie keine Steuern zahlen müssen.

Die Rechnung ist nicht ganz einfach, aber sie lohnt sich. Immerhin 4200 Euro steuerfreie Kapitaleinkünfte sind schon ein beachtenswerter Betrag. Sie können 105000 Euro ein Jahr lang anlegen und kommen bei einer Verzinsung von 4 Prozent auf einen Ertrag von 4200 Euro. In den Antrag für eine Nichtveranlagungsbescheinigung müssen Sie nur Ihre Einkünfte und Versicherungsbeiträge eintragen. Die eigentliche Rechnung und auch die Ermittlung der Freibeträge erledigt das Finanzamt.

Die Werte oben gelten für einen ledigen Rentner. Ehepaare haben den doppelten Spielraum. In der Praxis sollten Sie einen kleinen Sicherheitspuffer lassen, damit Sie auch wirklich unter der Einkommensgrenze der *Nichtveranlagungsbescheinigung* bleiben. Die Bescheinigung wird in der Regel für drei Jahre ausgestellt. Beantragen müssen Sie sie beim Finanzamt. Wenn Sie Einkünfte beziehen, die über das Lohnsteuerverfahren besteuert werden, bekommen Sie allerdings keine *Nichtveranlagungsbescheinigung*. Das ist etwa der Fall, wenn Sie eine Werkspension beziehen oder noch arbeiten und über das Lohnsteuerverfahren besteuert werden.

Steuererstattung

Bekommen Sie aus den oben genannten Gründen keine Nichtveranlagungsbescheinigung oder haben Sie vergessen, rechtzeitig eine zu beantragen, bleibt Ihnen nur die Steuererklärung. Mit der können Sie im selben Rahmen, wie er oben geschildert ist, Steuern, die Ihre Bank einbehalten hat, zurückholen. Dazu müssen Sie sich von Ihrer Bank die abgeführte Abgeltungsteuer bescheinigen lassen. Das Finanzamt wird auf jeden Fall eine sogenannte Günstigerprüfung durchführen, um zu ermitteln, ob die pauschale Abgeltungsteuer für Sie günstiger ist oder die individuelle Besteuerung. Die für Sie günstigere Methode wird angewandt. Sie haben vier Jahre Zeit, sich die Steuern zurückzuholen.

Kosten der Geldanlage können Sie fast gar nicht mehr steuerlich geltend machen. Sie sind steuerrechtlich zum größten Teil durch den Sparerpauschbetrag abgegolten, in den ja auch die alte Werbungskostenpauschale von 51 Euro im Jahr eingeflossen ist. Das heißt, Entgelte für das Wertpapierdepot, die Vermögensverwaltung oder auch Fahrtkosten wegen der

Geldanlage lassen sich nicht mehr absetzen. Nur Ausgaben, die direkt mit dem Erwerb von Geldanlagen zu tun haben, wie etwa Provisionen, können Sie noch von der Steuer absetzen. Wenn Sie beim Geldanlegen Verluste gemacht haben, können Sie diese mit anderen Kapitaleinkünften verrechnen. Auch damit können Sie Ihre Steuerbelastung verringern. Verluste aus Aktiengeschäften können allerdings nur mit Gewinnen verrechnet werden, die ebenfalls aus Aktiengeschäften stammen. Die Kapitaleinkünfte sind in den Steuerformularen in der Anlage KAP einzutragen, in den Zeilen der jeweiligen Anlageform.

Abgeltungsteuer

Wie oben angesprochen, werden die Steuern auf Kapitalerträge als Abgeltungsteuer erhoben. Dazu ermittelt die Bank den Zins- oder Kursgewinn, berechnet die Abgeltungsteuer und führt sie ab. Der Kunde bekommt nur seinen Nettoanteil. Die Abgeltungsteuer beträgt 25 Prozent des Ertrags. Hinzu kommen der Solidaritätszuschlag in Höhe von 5,5 Prozent der Abgeltungsteuer und gegebenenfalls die Kirchensteuer, deren Höhe je nach Bundesland zwischen 8 und 9 Prozent der Abgeltungsteuer liegt. Die Kirchensteuer auf Kapitaleinkünfte wird in einer Übergangszeit bis 2011 in manchen Bundesländern nachträglich veranlagt. Insgesamt kommt eine Steuerbelastung von knapp 26,5 Prozent beziehungsweise von rund 28,5 Prozent zustande.

Liegt Ihr Grenzsteuersatz über diesen Werten, sparen Sie mit der Abgeltungsteuer sogar Geld, denn würden Ihre Kapitalerträge nach Ihrem persönlichen Steuersatz belastet, müssten Sie mehr Steuern zahlen. Außerdem hat die Abgeltungsteuer auch einen ganz praktischen Vorteil: Mit ihr sind, bis auf wenige Ausnahmen, alle steuerlichen Angelegenheiten in Sachen Kapitaleinkünfte erledigt. Sie müssen bei Ihrer Steuererklärung normalerweise keine Anlage KAP mehr abgeben. Was Ihre Zinsen und anderen Kapitalerträge angeht, ist Ihre Steuerschuld abgegolten. Daher der Name Abgeltungsteuer. Das hat auch zur Folge, dass Ihre Kapitaleinkünfte bei der Berechnung der Steuerbelastung Ihrer anderen Einkünfte keine Rolle spielen. Selbst die steuersparende Anrechnung von Verlusten wird von der Bank erledigt, wenn sie die Abgeltungsteuer berechnet. Nur wenn Sie Verluste, die bei der einen Bank entstanden sind, mit Erträgen verrechnen wollen, die bei einer anderen Bank aufgelaufen sind, müssen Sie im eigenen Interesse aktiv werden. Dann müssen Sie bis zum 15. Dezember eines Jahres die Übertragung der Verluste beantragen und sich dafür von der ersten Bank den Verlustüberhang bescheinigen lassen. Und wenn Sie Kapitaleinkünfte im Ausland erzielen, müssen Sie doch die Anlage KAP nutzen und Ihrer Steuererklärung beifügen. Für den Fall, dass im Ausland eine Quellensteuer von Ihren Kapitalerträgen einbehalten wurde, wird diese bei der Veranlagung verrechnet.

Altfälle

Wenn Sie Wertpapiere besitzen, die Sie vor dem 1. Januar 2009 gekauft haben, können Sie die alten Besteuerungsregeln nutzen. Danach sind Zinsen nach dem persönlichen Steuersatz zu versteuern. Das lohnt sich also nur für Sparer mit einem geringen Grenzsteuersatz. Kursgewinne allerdings sind nach den alten Regeln steuerfrei, wenn die Papiere mindestens ein Jahr gehalten worden sind (Spekulationsfrist). Das betrifft vor allem Aktien und Anteile von Aktienfonds. Für Zertifikate gilt ein gesonderter Stichtag. Hier können Sie Kursgewinne nur dann steuerfrei einnehmen, wenn Sie die Zertifikate vor dem 15. März 2007 gekauft haben.

Wenn Sie in Ihrem Depot alte und neue Wertpapiere lagern, werden diese Papiere steuerlich getrennt behandelt. Das heißt, die alten Wertpapiere werden nach den alten Regeln besteuert, die neuen durch die Abgeltungsteuer. Wenn Sie Papiere derselben Gattung aus der alten und der neuen Zeit im Depot haben, gilt die First-in-first-out-Regel. Das heißt, es wird unterstellt, dass die alten Papiere zuerst verkauft werden. Wenn Sie vor 2009 innerhalb der Spekulationsfrist von einem Jahr Kursverluste realisiert haben, können Sie diese noch bis 2013 steuersparend mit Kursgewinnen verrechnen. Danach können diese Altverluste nur noch mit Gewinnen aus Veräußerungsgeschäften mit anderen Wirtschaftsgütern verrechnet werden, auf die keine Abgeltungsteuer erhoben wird, wie beispielsweise Rohstoffe, Devisen oder Immobilien.

Sollten Sie generell noch Steuerangelegenheiten aus den Jahren vor 2009 zu klären haben, müssen Sie sowieso die damals gültigen Vorschriften beachten. Nach denen wurden Zinsen, wie gesagt, mit dem persönlichen Steuersatz belastet. Für Dividenden galt ebenfalls der eigene Steuersatz, es wurde aber nur jeweils die Hälfte der Gutschriften zur Besteuerung herangezogen. Kursgewinne waren nach einer Haltefrist, wie oben angesprochen, steuerfrei.

Kapitallebensversicherungen

Kapitallebensversicherungen oder private Rentenversicherungen, bei denen das Kapitalwahlrecht ausgeübt wird (siehe Abschnitt *Ungeförderte private Altersrenten*), zahlen zum Vertragsablauf einen größeren Betrag auf einmal aus. Ob und in welchem Maße dieses Geld steuerlich belastet wird, liegt an verschiedenen Bedingungen. Die wichtigste ist das Datum des Vertragsabschlusses. Kapitallebensversicherungen, die bis Ende 2004 abgeschlossen worden sind, werden steuerlich grundlegend anders behandelt als solche, die seit 2005 abgeschlossen werden.

Kapitalbildende Versicherungsverträge bis 2004

Wer bis zum 31. Dezember 2004 eine Kapitallebensversicherung abgeschlossen hat, kann die Versicherungsleistung unversteuert ausgezahlt bekommen. Das ist ein Privileg dieser Versicherungsverträge gewesen. Voraussetzung ist, dass der Vertrag mindestens zwölf Jahre läuft, dass mindestens fünf Jahre lang Beiträge gezahlt werden und dass der Todesfallschutz, also die Leistung, die bei Tod der versicherten Person gezahlt wird, mindestens 60 Prozent der Gesamtbeiträge ausmacht. Wer diese Bedingungen mit einem alten Vertrag erfüllt, ist fein raus. Er bekommt den gesamten Betrag vollständig ausgezahlt, er muss dem Fiskus nichts abgeben.

Wenn Sie zwar einen alten Vertrag haben, aber nicht alle Bedingungen erfüllen, etwa weil Sie vorzeitig kündigen, müssen Sie die Erträge versteuern. Um diese zu ermitteln, wird von dem Auszahlungsbetrag die Summe der Beiträge, also die Einzahlungen, abgezogen. Die Differenz ist der Ertrag. Auf den müssen Sie 25 Prozent Abgeltungsteuer zahlen, die vom Versicherungsunternehmen gleich einbehalten und abgeführt wird. Auch die Erträge aus einer Kapitallebensversicherung gelten als Kapitaleinkünfte und sind mit der Abgeltungsteuer belegt. Dasselbe gilt übrigens auch, wenn Sie den Versicherungsvertrag nicht kündigen, sondern verkaufen. Auch dann müssen Sie den Ertrag mit 25 Prozent versteuern. Wenn Sie mit Ihrer gekündigten oder verkauften Kapitallebensversicherung Verluste gemacht haben, können Sie diese mit anderen Kapitaleinkünften verrechnen.

Kapitalbildende Versicherungsverträge ab 2005

Für die jüngeren Verträge gelten steuerlich härtere Regeln. Die günstige Variante sieht so aus: Wer seit 2005 eine Kapitallebensversicherung abgeschlossen hat, muss die Hälfte der Erträge versteuern, wenn der Versicherungsvertrag mindestens zwölf Jahre läuft und wenn die Leistung erst nach dem 60. Geburtstag des Versicherungsnehmers ausgezahlt wird. Für Verträge, die seit April 2009 abgeschlossen wurden, gilt zusätzlich die Bedingung, dass der Todesfallschutz mindestens 50 Prozent der Beitragssumme betragen muss. Bei fondsgebundenen Versicherungen oder bei Verträgen gegen Einmalbetrag muss das Deckungskapital nach spätestens fünf Jahren den Todesfallschutz um mindestens 10 Prozent übersteigen. Sogenannte Versicherungsmäntel, die Vermögen verwalten, kommen seit April 2009 nicht mehr in den Genuss der hälftigen Besteuerung.

Die Hälfte der Erträge wird mit dem persönlichen Steuersatz belastet, also nicht mit der Abgeltungsteuer. Das Prozedere ist aber kompliziert und macht einen Umweg über die

Abgeltungsteuer. Versicherungsnehmer, die die oben genannten Bedingungen erfüllen, bekommen bei Ablauf der Versicherung nämlich erst einmal die volle Abgeltungsteuer von den Erträgen abgezogen. Die Erträge und auch die gezahlte Abgeltungsteuer müssen dann bei der nächsten Steuererklärung angegeben werden. Das Finanzamt ermittelt die Steuerbelastung der halben Erträge, vergleicht sie mit dem bereits gezahlten Betrag der Abgeltungsteuer auf die vollen Erträge und erstattet dem Versicherungsnehmer die Differenz.

Wenn Sie die Bedingungen für die hälftige Besteuerung nicht erfüllen, etwa weil Sie vorzeitig kündigen oder die Police verkaufen, werden auf die Erträge 25 Prozent Abgeltungsteuer definitiv fällig. Sie wird vom Versicherungsunternehmen einbehalten und ans Finanzamt abgeführt. Sollten Sie mit einem neuen Kapitallebensversicherungsvertrag Verluste machen, können Sie diese mit anderen Kapitaleinkünften verrechnen.

Steuern auf Mieteinkünfte

Die Steuerbelastung der Mieteinkünfte ist relativ hoch. Denn Mieteinkünfte nach § 21 EStG zählen genauso wie die geförderte Betriebsrente und die Riester-Rente abzüglich des Altersentlastungsbetrags voll zum zu versteuernden Einkommen. Wer also eine vermietete Immobilie als zusätzliche Altersvorsorge unterhält, wird mit am strengsten besteuert. Dabei kann es durchaus sein, dass Senioren bis 2004 neben einer gesetzlichen Rente Mieteinkünfte hatten und trotzdem keine Steuern zahlen mussten. Seit 2005 aber müssen viele

Senioren, die vermieten, durch die Verschärfung der Besteuerung der gesetzlichen Rente doch Steuern zahlen. Die Betroffenen müssen sich jetzt mit den Grundlagen der Besteuerung von Mieteinkünften auseinandersetzen. Andere, die insgesamt höhere Einkünfte haben, sind das schon gewöhnt, weil sie sich als Vermieter laufend mit der Besteuerung auseinandersetzen.

Um sich einen Überblick zu verschaffen, können Sie, vereinfacht ausgedrückt, Ihre Mieteinnahmen eines Jahres zusammenzählen und von diesem Betrag Ihre Kosten abziehen. Außerdem können Sie noch den Altersentlastungsbetrag geltend machen, wenn Sie mindestens 65 Jahre alt sind und Sie diesen Freibetrag nicht schon für eine geförderte Rente, gegenüber Ihren Kapitaleinkünften oder Ihrem Arbeitslohn in Ansatz gebracht haben (siehe im Abschnitt *Geförderte betriebliche Altersversorgung* das Unterkapitel *Altersentlastungsbetrag*). Als Ehepaar sollten Sie die Immobilie gemeinsam besitzen. Dann können Sie, wenn Sie jeweils 65 Jahre alt geworden sind, beide einen Altersentlastungsbetrag geltend machen.

WISO rät

Für Ehepartner kann jeweils ein eigener Altersentlastungsbetrag angesetzt werden. Deswegen lohnt es sich, die vermietete Immobilie aufzuteilen.

In der Steuererklärung werden die Mieteinkünfte in der Anlage V eingetragen. Da die Berechnung der Kosten recht anspruchsvoll ausfallen kann, ziehen die meisten Vermieter einen Steuerberater zurate.

Mieteinnahmen

Zu den Mieteinnahmen gehört natürlich vor allem die Miete selbst, egal ob eine Wohnung, ein Haus oder ein Grundstück vermietet oder verpachtet wird. Hinzu kommen die Umlagen, die der Mieter für Nebenkosten und Versorgung zahlt, und auch öffentliche Fördermittel gehören zu den Mieteinnahmen. Das gilt ebenfalls für zusätzliche Mieten, die etwa für die Nutzung einer Garage oder eines Kellerraums verlangt werden, genauso wie für Entgelte für mitvermietetes Mobiliar und für Guthabenzinsen aus einem Bausparvertrag. Abstandszahlungen an den Vermieter oder mietbedingter Schadenersatz zählen ebenso zu den Mieteinnahmen wie auch Einnahmen aus Untervermietung. Wenn Sie als Vermieter für die Umsatzbesteuerung optieren, zählt die vereinnahmte Umsatzsteuer ebenfalls zu Ihren Mieteinnahmen. Normalerweise wird bei Vermietungsgeschäften aber auf die Berechnung der Umsatzsteuer verzichtet, denn sie sind nicht grundsätzlich umsatzsteuerpflichtig und die Umsatzsteuer verteuert die Miete.

Kosten

Nun sind Einnahmen noch lange keine Einkünfte. Denn erst wenn Sie Ihre Kosten von den Einnahmen abgezogen haben, erhalten Sie Ihre Einkünfte. Gerade bei Einkünften aus Vermietung und Verpachtung spielen die Kosten, im Steuerrecht als Werbungskosten bezeichnet, eine wesentliche Rolle. Denn anders als bei den Renten und Versorgungsbezügen, wo kaum Werbungskosten auftreten, und auch anders als bei den Kapitaleinkünften, bei denen Kosten kaum mehr absetzbar sind, wird ein großer Teil der Mieteinnahmen von den Kosten aufgezehrt. Das können Sie steuerlich auch entsprechend geltend machen, bis hin zu Verlusten, wenn die Kosten die Einnahmen übersteigen. Langfristig sollten Sie natürlich positive Einkünfte erzielen. Vereinfacht können Sie sich die steuerliche Behandlung mit Mieteinnahmen folgendermaßen vorstellen.

Beispiel

Sie vermieten eine Wohnung für 900 Euro im Monat. Das sind 10800 Euro im Jahr. 6000 Euro davon sind Kosten. Wie die sich im Einzelnen zusammensetzen, wird weiter unten aufgeführt. Hier werden sie pauschal angesetzt.

10800 Euro	Mieteinnahmen pro Jahr
– 6000 Euro	Werbungskosten pro Jahr
4800 Euro	Mieteinkünfte pro Jahr

An gesetzlicher Rente beziehen Sie 1000 Euro im Monat. Das sind 12000 Euro im Jahr. Da Sie 2010 in den Ruhestand gegangen sind, wird Ihnen der Besteuerungsanteil von 60 Prozent zugewiesen.

1000 Euro monatliche Rente	× 12 Monate	=	12000 Euro Brutto-Jahresrente
2000 Euro Brutto-Jahresrente	× 60 %	=	7200 Euro Besteuerungsanteil

2010 sind Sie 65 Jahre alt geworden. Deswegen haben Sie Anspruch auf den Altersentlastungsbetrag, und zwar in Höhe von 32 Prozent beziehungsweise höchstens 1520 Euro.

4 800 Euro Mieteinkünfte × 32 % = 1 536

1 536 Euro > 1 520 Euro maximaler Altersentlastungsbetrag

Beim Altersentlastungsbetrag greift der Höchstbetrag. Insgesamt ergibt sich folgende Berechnung Ihres zu versteuernden Einkommens:

	7 200 Euro	Besteuerungsanteil
+	4 800 Euro	Mieteinkünfte
–	1 520 Euro	Altersentlastungsbetrag
–	102 Euro	Werbungskostenpauschbetrag
–	36 Euro	Sonderausgabenpauschbetrag
–	948 Euro	Krankenkassenbeitrag*
–	234 Euro	Pflegeversicherungsbeitrag**
	9 160 Euro	zu versteuerndes Einkommen

* Bei einem Krankenkassenbeitragssatz von 7,9 % (Eigenanteil)

** Bei einem Pflegeversicherungsbeitragssatz von 1,95 % (ohne Kinderlosenzuschlag)

Sie kommen auf ein zu versteuerndes Einkommen von 9 160 Euro. Darauf müssen Sie als lediger Rentner rund 175 Euro Steuern zahlen. Wenn Sie jünger sind und noch keinen Anspruch auf den Altersentlastungsbetrag haben, müssen Sie mehr als doppelt so viel Steuern zahlen.

Bei der Vermietung und Verpachtung fallen nicht nur hohe Kosten an, sondern auch viele verschiedene. Die hier geschilderten Regeln beziehen sich auf Immobilien, die zu Wohnzwecken vermietet werden. Die betriebliche oder die eigene Nutzung unterliegt anderen Vorschriften, auf die hier nicht eingegangen wird.

Anschaffungskosten

Der mit Abstand größte Kostenblock sind natürlich die Herstellungs- oder Anschaffungskosten. Schließlich müssen Sie normalerweise viel Geld in die Hand nehmen, um ein Haus oder eine Wohnung zu errichten oder zu kaufen. Diesen hohen Betrag dürfen Sie aber nicht auf einmal steuerlich geltend machen, sondern Sie müssen ihn abschreiben. Das heißt, die Herstellungs- und Anschaffungskosten werden in kleine Teile zerlegt und jedes Jahr dürfen Sie einen Teil von der Steuer absetzen. Absetzung für Abnutzung (AfA) nennt man das im Steuerrecht.

Dabei geht es nur um die Kosten des Gebäudes, nicht um die des Grundstücks. Da Grund und Boden nicht abgenutzt werden, können sie auch nicht abgeschrieben werden. Eine Ausnahme macht das Einkommensteuergesetz nur für selbst genutzte Immobilien. Bei vermieteten Wohnungen und Häusern aber müssen der Grundstückspreis und der Preis des Gebäudes auseinandergerechnet werden. Auch wenn Sie mit anderen zusammen bauen oder kaufen, müssen Sie Ihre eigenen Herstellungs- oder Anschaffungskosten herausrechnen, um die korrekte Bemessungsgrundlage der Abschreibung zu ermitteln.

Abschreibungsmethoden gibt es mehrere. Am einfachsten ist die lineare Abschreibung. Dann machen Sie jedes Jahr 2 Prozent Ihrer Herstellungs- oder Anschaffungskosten steuerlich geltend. Bei Gebäuden, die vor 1925 fertiggestellt worden sind, können Sie 2,5 Prozent im Jahr ansetzen. Wenn Ihnen die lineare Abschreibung zu wenig ist, hatten Sie bis 2005 die Möglichkeit zu prüfen, ob die degressive Abschreibung für Sie infrage kommt. Mit dieser Abschreibungsmethode können Sie in den ersten Jahren mehr absetzen, in den späteren Jahren dagegen weniger. Die degressive Abschreibung ist aber nur für Gebäude möglich, die vor 2006 errichtet beziehungsweise gekauft worden sind. Außerdem haben Sie im Jahr der Fertigstellung des Gebäudes mit der Abschreibung beginnen müssen. Die Entscheidung muss also bereits gefallen sein. Da die Regeln für die degressive Abschreibung oft geändert wurden, kommen verschiedene Abschreibungssätze nach § 7 Absatz 5 EStG infrage, je nachdem, wann das Gebäude errichtet oder gekauft wurde. Die Sätze belaufen sich in der Anfangszeit auf bis zu 7 Prozent, um dann später auf bis zu 1,25 Prozent zu sinken. Wenn Sie sich einmal für eine Abschreibungsmethode entschieden haben, müssen Sie sie beibehalten, denn die Abschreibungsmethode kann nicht gewechselt werden. Wenn Sie ein Gebäude in einem Sanierungsgebiet wiederherstellen oder ein Baudenkmal sanieren, können Sie nach den §§ 7h und 7i EStG nach wie vor degressiv abschreiben. Dabei gilt generell für alle Abschreibungen: Sie können nur Ihre eigenen Aufwendungen steuerlich geltend machen. Was Sie an öffentlichen Zuschüssen erhalten haben oder was Ihnen der Mieter dazugegeben hat, gehört nicht zu Ihren Ausgaben und darf entsprechend auch nicht abgeschrieben werden.

Finanzierungskosten

Die meisten, die sich eine Immobilie zulegen, nehmen dazu einen oder mehrere Kredite auf, für die sie Zinsen zahlen müssen. Das sind Finanzierungskosten, die als Werbungskosten geltend gemacht werden können, allerdings wirklich nur die Zinsen. Der Tilgungsanteil, der in der Regel in monatlichen Raten gezahlt wird, zählt nicht zu den Finanzierungskosten. Die Tilgung gehört zu den Anschaffungs- und Herstellungskosten. Neben den Kreditzinsen können zusätzliche Entgelte für die finanzierende Bank oder Provisionen zu den Finanzierungskosten zählen, genauso wie Kosten, die Ihnen der Notar bei der Finanzierung in Rechnung stellt. Entgelte für einen Bausparvertrag gehören ebenfalls zu den Finanzierungskosten.

Erhaltungsaufwendungen

Eine Wohnung oder ein Haus sollte instand gehalten werden. Dabei fallen Instandhaltungskosten an, die im Steuerrecht als Erhaltungsaufwendungen bezeichnet werden. Es geht dabei um das Reparieren, Warten und Pflegen der Immobilie. Die dazu notwendigen Ausgaben können Sie von Ihren Mieteinnahmen abziehen. Das gilt immer dann, wenn Sie am Haus oder an der Wohnung etwas erneuern oder ersetzen, was vorher schon da war. Also etwa auch dann, wenn Sie Kohleöfen durch eine Gaszentralheizung ersetzen oder das Dach neu decken lassen. Größere Erhaltungsaufwendungen können Sie auch, wenn sich das für Sie besser rechnet, auf zwei bis fünf Jahre verteilt abschreiben.

Achtung!

Wenn Sie Wert darauf legen, die Ausgaben noch im selben Jahr abzusetzen, sollten Sie darauf achten, dass es sich wirklich um Erhaltungsaufwendungen handelt und nicht um nachträgliche Herstellungskosten.

Nachträgliche Herstellungskosten

Wenn Sie Ihr Haus oder Ihre Wohnung aufwändig modernisieren, anbauen oder umbauen, sind die Ausgaben dafür steuerrechtlich keine Erhaltungsaufwendungen, sondern nachträgliche Herstellungskosten. Das hat zur Folge, dass Sie diese Ausgaben nicht unmittelbar steuerlich geltend machen können. Stattdessen müssen Sie sich diese Kosten zu Ihren Herstellungs- und Anschaffungskosten rechnen lassen, sodass Sie diese Ausgaben nur in dem Maße abschreiben können wie die eigentlichen Anschaffungskosten auch. Von nachträglichen Herstellungskosten ist immer dann die Rede, wenn die Wohnung oder das Haus grundlegend verändert wird, sodass ein anderes Mietobjekt entsteht, für das dann auch entsprechend mehr Miete verlangt werden kann. In den ersten drei Jahren nach Anschaffung des Gebäudes gibt sogar das Einkommensteuergesetz selbst einen Richtwert vor. Wer in dieser Zeit mehr als 15 Prozent der Anschaffungskosten für Instandsetzung und Modernisierung ausgibt, muss sich diese Ausgaben nach § 6 Absatz 1 Nummer 1a EStG als anschaffungsnahe Herstellungskosten anrechnen lassen.

Betriebskosten

Neben den großeren Kostenpositionen, wie sie oben aufgeführt sind, gibt es noch zahlreiche kleinere Ausgaben, die Sie ebenfalls steuerlich geltend machen können. Zu den Nebenkosten des Vermieters gehoren ublicherweise Maklerprovisionen und andere Kosten, die Sie haben, um einen Mieter zu finden. Auch die Ausgaben für die Hausverwaltung gehören dazu, Notargebühren und natürlich die umlegbaren Kosten: Versicherungsbeiträge, Grundsteuer, Energie- und Wasserversorgung, Aufzugkosten und Gebühren für die Müllabfuhr, Straßenreinigung und das Abwasser. Weitere kleinere Positionen sind das Porto, Telekommunikationskosten, Fahrtkosten, Verpflegungsmehraufwand, Fachbücher und die Beiträge an den Vermieterverband. Gleich nach der Anschaffung einer Immobilie zählt zum Beispiel auch die Grunderwerbsteuer zu den Betriebskosten.

Besondere Mietverhältnisse

Für betriebliche Mietverhältnisse oder selbst bewohnte Immobilien gelten, wie gesagt, andere Steuerregeln. Wenn Sie diese Formen mit einer vermieteten Immobilie mischen, müssen Sie die Einnahmen und Ausgaben der jeweiligen Gattung fein säuberlich auseinanderrechnen. Sie können hier aber auch ein wenig gestalten. So lohnt es sich bei einer Aufteilung in ein selbst bewohntes Haus und eine vermietete Einliegerwohnung, möglichst viel Eigenkapital in das eigene Haus zu stecken und die Kredite möglichst für die Einliegerwohnung aufzunehmen. Denn nur Kreditzinsen für vermietete Immobilien können Sie von der Steuer absetzen.

Oft werden Wohnungen an die eigenen Kinder vermietet oder man kauft für die Eltern ein Appartement in einer Einrichtung für betreutes Wohnen. Dann muss die Miete eine gewisse Mindesthöhe betragen, sonst zweifelt das Finanzamt an Ihrer Gewinnerzielungsabsicht und erkennt Ihre Ausgaben nicht als Werbungskosten an. Wenn Ihnen der oder die Verwandte mindestens 75 Prozent der ortsüblichen

Miete zahlt, ist das kein Problem. Verlangen Sie von Ihrem Verwandten nur zwischen 56 und 75 Prozent an Miete, müssen Sie dem Finanzamt eine positive Überschussprognose vorlegen. Mit anderen Worten: Sie müssen dem Finanzamt klarmachen, dass Sie trotz der niedrigen Miete langfristig Gewinn mit der Vermietung der Wohnung oder des Hauses machen. Wenn Ihnen das nicht gelingt, wird Ihre Immobilie quasi aufgeteilt in einen entgeltlich vermieteten Teil und in einen Teil, den Sie Ihrem Verwandten unentgeltlich zur Verfügung stellen. Kosten dürfen Sie dann nur für den entgeltlichen Teil absetzen.

Wenn Sie vorübergehend ein Zimmer in Ihrer selbst genutzten Wohnung oder Haus untervermieten, etwa an Besucher einer Messe oder eines Kongresses, sollten Sie versuchen, im Jahr nicht mehr als 520 Euro an Miete einzunehmen. Dann bleiben diese Einnahmen nämlich steuerfrei. Kommen Sie auf 521 Euro, müssen Sie den gesamten Betrag versteuern, denn es handelt sich bei den 520 Euro um eine Freigrenze, nicht um einen Freibetrag.

Nicht wenige Senioren haben in Deutschland oder im Ausland ein Ferienhaus. Wenn Sie das regelmäßig vermieten, können Sie die Kosten ebenfalls steuerlich geltend machen. Voraussetzung ist allerdings, dass Sie das Ferienhaus nicht zu oft selbst nutzen und dass Sie mit der Vermietung langfristig Gewinn machen. Das heißt, das Ferienhaus darf auch nicht zu lange leer stehen. Wenn Sie ein Ferienhaus im Ausland haben, sind gegebenenfalls auch vor Ort Steuern fällig, sodass Sie die Regeln der jeweiligen Besteuerungsabkommen mit Deutschland beachten müssen.

Steuern auf Erwerbseinkommen

Am Übergang vom Arbeitsleben in den Ruhestand spielen Lohn und Gehalt bei vielen Senioren nach wie vor eine Rolle, sei es, weil sie selbst noch nebenher arbeiten, sei es, weil ihr Ehepartner noch berufstätig ist. Es gibt viele Möglichkeiten, sozusagen gleitend in den Ruhestand überzugehen. Etwa mit kleineren Nebenjobs oder mit einer selbstständigen Tätigkeit nebenher. Dabei sollten Sie aber immer die Steuerbelastung im Blick haben. Denn Arbeitseinkünfte zählen abzüglich der Kosten beziehungsweise des Arbeitnehmerpauschbetrags voll zum zu versteuernden Einkommen. Es gibt also keine Steuererleichterung, wie sie für Renten, Pensionen oder andere Einkünfte, wie oben geschildert, gewährt werden.

Dadurch, dass die Besteuerung der gesetzlichen Rente verschärft worden ist, geraten Sie schon mit relativ geringem Arbeitseinkommen in Bereiche, in denen Sie Steuern zahlen müssen. Dann lohnt sich die Nebenbeschäftigung weniger. Ehepaare, bei denen ein Partner noch arbeitet, während der andere schon in Rente ist, sind besonders betroffen. Das zeigt ein Vergleich der Besteuerung nach neuem Recht mit der nach altem Recht. Das Problem haben fast alle berufstätigen Senioren-Ehepaare für einige Jahre, denn wer geht schon gleichzeitig mit seinem Partner in Rente?

Lohn und Gehalt des Ehepartners

Wenn der eine Ehepartner noch arbeitet, der andere aber schon in Rente gegangen ist, müssen in der Regel sowieso Steuern gezahlt werden, schon allein wegen des Einkommens des Ehepartners, der noch berufstätig ist. Durch die Verschärfung der Besteuerung der gesetzlichen Rente aber ist die Steuerbelastung solcher Ehepaare gestiegen. Hier kommt es zu einem ähnlichen Fahrstuhleffekt wie bei den zusätzlichen Einkünften (siehe Abschnitt *Senioren mit Zusatzrenten und weiteren Einkünften*). Wenn der erwerbstätige Ehepartner durchschnittlich verdient, kommen solche Ehepaare leicht auf 1 000 Euro, die sie im Vergleich zum alten Recht nun zusätzlich an Steuern im Jahr zahlen müssen, wie folgende vereinfachte Berechnung ohne Berücksichtigung möglicher Rentenanpassungen zeigt:

Beispiel

Sie sind 2010 mit 65 Jahren in den Ruhestand gegangen und beziehen eine gesetzliche Rente von 1 000 Euro pro Monat. Das sind pro Jahr 12 000 Euro Rente brutto. Ihnen wird der Besteuerungsanteil von 60 Prozent zugeteilt. Ihr Ehepartner arbeitet noch. Sein Gehalt beträgt 2 500 Euro brutto im Monat. Im Jahr sind das 30 000 Euro.

1 000 Euro monatliche Rente	× 12 Monate	=	12 000 Euro Brutto-Jahresrente
12 000 Euro Brutto-Jahresrente	× 60 %	=	7 200 Euro Besteuerungsanteil
2 500 Euro monatliches Gehalt	× 12 Monate	=	30 000 Euro Bruttogehalt

Von Ihrer gesetzlichen Rente werden 7 200 Euro zu Ihrem zu versteuernden Einkommen gerechnet. Sie dürfen den Werbungskostenpauschbetrag für Rentner in Ansatz bringen. Ihr

Partner kann den Arbeitnehmerpauschbetrag über 920 Euro nutzen. Außerdem steht Ihnen beiden jeweils der Sonderausgabenpauschbetrag zu. Sie können als Ehepaar 5338 Euro Vorsorgeaufwendungen geltend machen, die in diesem Fall aufgrund der Günstigerprüfung (siehe Abschnitt *Vorsorgeaufwendungen*) nach den alten Regeln der Besteuerung der Vorsorgeaufwendungen berechnet werden.

7200 Euro	Besteuerungsanteil der Rente
– 102 Euro	Werbungskostenpauschbetrag auf die Rente
– 36 Euro	Sonderausgabenpauschbetrag des Rentners
+ 30000 Euro	Bruttogehalt des Ehepartners
– 920 Euro	Arbeitsnehmerpauschbetrag des Ehepartners
– 36 Euro	Sonderausgabenpauschbetrag des Ehepartners
– 5338 Euro	Vorsorgeaufwendungen* des Ehepaares
30768 Euro	zu versteuerndes Einkommen
3176 Euro	Einkommensteuer und Solidaritätszuschlag

Nach den Regeln der Rentenbesteuerung, die bis 2004 galten, hätten Sie Ihre gesetzliche Rente bei einem Rentenbeginn mit 65 Jahren mit einem Ertragsanteil von 27 Prozent besteuern lassen müssen. Deswegen hätten Sie weniger Steuern zahlen müssen.

12500 Euro Brutto-Jahresrente	× 27 % =	3240 Euro Ertragsanteil

3240 Euro	Ertragsanteil der Rente
– 102 Euro	Werbungskostenpauschbetrag auf die Rente
– 36 Euro	Sonderausgabenpauschbetrag des Rentners
+ 30000 Euro	Gehalt des Ehepartners
– 920 Euro	Arbeitsnehmerpauschbetrag des Ehepartners

–	36 Euro	Sonderausgabenpauschbetrag des Ehepartners
–	5 338 Euro	Vorsorgeaufwendungen* des Ehepaares
	26 808 Euro	zu versteuerndes Einkommen
	2 062 Euro	Einkommensteuer und Solidaritätszuschlag
	3 176 Euro	Steuerbelastung neu
–	2 062 Euro	Steuerbelastung alt
	1 114 Euro	zusätzliche Steuerbelastung

Durch die neue Besteuerung der gesetzlichen Rente zahlen Sie mehr als 1 000 Euro zusätzliche Steuern im Jahr.

* In diesem Beispiel greift die Günstigerprüfung wie im Abschnitt *Vorsorgeaufwendungen* beschrieben, sodass in Bezug auf die Beiträge zur Kranken- und Pflegeversicherung das alte Recht angewendet wird. In diesem Fall würde das Absetzen der Versicherungsbeiträge nach den neuen Regeln der Besteuerung der Vorsorgeaufwendungen rund 300 Euro weniger bringen.

Anhand des Beispiels kann man gut erkennen, wie die Umstellung der Besteuerungsmethode das zu versteuernde Einkommen deutlich erhöht, obwohl bei den Bruttobeträgen gar nichts passiert ist. Nach dem neuen Recht trägt die gesetzliche Rente mehr als doppelt so viel als zuvor zum zu versteuernden Einkommen bei. Entsprechend höher fällt die Steuerbelastung aus. Dieser Fahrstuhleffekt wirkt sich in der Kombination aus gesetzlicher Rente und Erwerbseinkommen besonders stark aus, weil Lohn und Gehalt von vornherein schon fast komplett zum zu versteuernden Einkommen zählen.

Sollte Ihr Ehepartner 65 Jahre alt sein oder älter, kann sie oder er den Altersentlastungsbetrag nutzen (siehe im Abschnitt *Geförderte betriebliche Altersversorgung: Altersent-*

lastungsbetrag). Dieser Freibetrag verringert die Steuerbelastung um einiges. Der Altersentlastungsbetrag steht auch Älteren zu, die Erwerbseinkünfte erzielen, egal ob abhängig beschäftigt, selbstständig, gewerblich oder land- oder forstwirtschaftlich. Da aber nur wenige in diesem Alter noch erwerbstätig sind, wird der Altersentlastungsbetrag selten wegen Erwerbseinkommen gezahlt. Ansonsten bleibt dem erwerbstätigen Ehepartner nur, möglichst viele Ausgaben geltend zu machen, um mehr Werbungskosten abzusetzen als die pauschalen 920 Euro pro Jahr durch den *Arbeitnehmerpauschbetrag* nach § 9a Satz 1 Nummer 1 a EStG. Die Ausgaben für folgende Positionen können Arbeitnehmer in der Regel steuerlich geltend machen:

- Arbeitsmittel
- Aus- und Weiterbildung
- Bewerbungen
- doppelte Haushaltsführung
- Fachliteratur
- Fahrten zur Arbeitsstätte
- Gewerkschaften, Berufsverbände
- berufliche Reisen
- Steuerberatung
- Telekommunikation
- Umzug
- Unfälle auf dem Weg zur Arbeitsstätte
- auswärtige Verpflegung

Sollte Ihr Ehepartner selbstständig tätig sein, ein Gewerbe oder Land- oder Forstwirtschaft betreiben, kann sie oder er Kosten als Betriebsausgaben geltend machen. Hier besteht ein großer Gestaltungsspielraum. Wenn Ihr Ehepartner arbeitslos oder längere Zeit krank ist und deswegen Lohnersatzleistungen bezieht, muss dieses Geld nicht direkt versteuert werden. Das heißt, es fließt nicht in das zu versteuernde Einkommen. Lohnersatzleistungen unterliegen aber dem sogenannten Progressionsvorbehalt. Das heißt, wenn auch nicht das zu versteuernde Einkommen wächst, so steigt doch der Steuersatz. Das Einkommen ohne die Lohnersatzleistung wird mit dem Satz besteuert, der sich ergibt, wenn die Ersatzleistung doch zum Einkommen gezählt werden würde. Das gilt für das Arbeitslosengeld I, für die Aufstockungsbeträge bei Altersteilzeit, für Insolvenzgeld und für das Krankengeld. Alle Einkünfte aus nichtselbstständiger Beschäftigung und die damit zusammenhängenden Kosten müssen in der Steuererklärung mit der Anlage N ausgewiesen werden.

Nebenjobs

Wer im Ruhestand ist, hat seine Haupttätigkeit aufgegeben, sonst wäre er schließlich nicht im Ruhestand und bekäme seine Rente oder Pension bezahlt. Viele Senioren arbeiten aber noch nebenbei. Da Arbeitslohn oder Gehalt, wie oben geschildert, allerdings recht streng besteuert wird, sollten Sie an Ihre steuerliche Belastung denken, bevor Sie loslegen. Schon ein sozialversicherungspflichtiger Teilzeitjob treibt Ihre Steuerbelastung in den meisten Fällen deutlich nach oben, ähnlich wie dies, wie oben geschildert, durch das Erwerbseinkommen des Ehepartner geschieht. Das gilt bereits schon für sogenannte Midijobs, in denen 400 bis 800 Euro pro Monat verdient werden dürfen, bei reduzierten Sozialabgaben, aber voller Besteuerung. Außerdem bekommen Sie

Ihre gesetzliche Rente gekürzt, wenn Sie regelmäßig mehr als 400 Euro im Monat verdienen, solange Sie noch keine 65 Jahre alt sind.

Was sich anbietet, ist ein Minijob, eine kurzfristige Beschäftigung, eine Tätigkeit nach den Regeln der sogenannten Übungsleiterpauschale, ein Ehrenamt oder eine selbstständige Tätigkeit. Diese verschiedenen Varianten eines Nebenjobs lassen sich auch kombinieren, sodass Sie zusammengenommen auf recht gute Einkünfte kommen können, ohne dass Sie sich steuerlich schlechter stellen. Denn eines haben die Nebenjobs gemeinsam: Sie sind weniger als sozialversicherungspflichtige Tätigkeiten mit Steuern und Abgaben belastet.

WISO rät

Die verschiedenen Nebenjobs lassen sich kombinieren. Das erhöht die Einkünfte, ohne dass die Steuerbelastung steigt.

Selbstständige Nebenjobs

Als Selbstständiger sind Sie Ihr eigener Herr und entscheiden selbst, was wie zu tun ist. Außerdem sind die Verdienstaussichten oft besser als in festen Anstellungen. Das liegt auch daran, dass Sie meistens die Sozialabgaben sparen und steuerlich einen großen Spielraum haben. Sie können auch Verluste machen, wenn Ihre Betriebsausgaben Ihre Einnahmen zeitweise übersteigen, und diese Verluste mit anderen Einkünften verrechnen. Langfristig müssen Sie aber Gewinn machen, sonst zweifelt das Finanzamt an Ihrer Gewinnerzielungsabsicht und unterstellt Ihnen Liebhaberei.

Um die Spielräume der Selbstständigkeit zu nutzen, müssen Sie einen größeren Aufwand betreiben, auch in steuerlicher Hinsicht. Sie müssen mindestens eine Einnahme-Überschuss-Rechnung aufstellen. Eine doppelte Buchführung ist nur bei größeren gewerblichen Umsätzen notwendig. Sie können eine Vielzahl von Kosten geltend machen, und letztlich ist alles, was Sie für Ihre selbstständige Tätigkeit anschaffen und bezahlen, eine Betriebsausgabe. Das geht von der Miete der Arbeitsräume über Finanzierungskosten und Investitionen in Maschinen bis zu den üblichen Positionen Fahrtkosten, Arbeitsmittel und Telekommunikationskosten. Sie müssen diese Kosten aber alle steuerrechtlich richtig zuordnen. So müssen Sie beispielsweise bei größeren Anschaffungen Abschreibungsregeln befolgen. Wenn Ihnen das zu viel ist, können Sie, zumindest bei einer wissenschaftlichen, publizistischen oder künstlerischen Nebentätigkeit, 25 Prozent Ihrer Einnahmen pauschal als Betriebsausgaben absetzen. Das dürfen im Jahr zusammen aber nur höchstens 614 Euro sein, was diese Pauschalierung auf kleinere selbstständige Tätigkeiten beschränkt. In Bezug auf die Umsatzsteuer lohnt es sich, wenn man Aufwand vermeiden möchte, nicht mehr als 17500 Euro Umsatz pro Jahr zu machen. Dann können Sie die sogenannte Kleinunternehmerregelung nutzen und müssen keine Umsatzsteuer in Rechnung stellen. Nehmen Sie dagegen am Umsatzsteuerverfahren teil, um etwa auch den Vorsteuerabzug zu nutzen, dann müssen Sie pro Jahr eine eigene Umsatzsteuererklärung und gegebenenfalls monatlich oder nach jedem Quartal eine Umsatzsteuer-Voranmeldung abgeben.

Sie sollten Ihre selbstständige Tätigkeit nach Möglichkeit als Freiberufler ausüben. Sonst müssen Sie ein Gewerbe anmelden, was weiteren Verwaltungsaufwand mit sich bringt. So müssen Sie zwar unterhalb von 24 500 Euro Gewinn pro Jahr keine Gewerbesteuer zahlen, den entsprechenden Teil Ihrer Steuererklärung, die Anlage G, müssen Sie trotzdem ausfüllen und abgeben. Freiberufler müssen bei ihrer Steuererklärung die Anlage S nutzen. Für viele Senioren, die im Nebenjob selbstständig arbeiten, lohnt es sich, den Rat und die Dienste eines Steuerberaters in Anspruch zu nehmen. Die verschiedenen Vorschriften sind umfangreich und teilweise auch kompliziert. Sie können hier nur oberflächlich geschildert werden. Nur so viel noch zur Steuertechnik: Ihr Gewinn fließt fast vollständig in Ihr zu versteuerndes Einkommen. Abgesehen von den persönlichen Abzugspositionen, die allen Steuerzahlern zustehen (Sonderausgaben und außergewöhnliche Belastungen), können Sie nur den Altersentlastungsbetrag geltend machen, wenn Sie mindestens 64 beziehungsweise 65 Jahre alt sind. Sollten Sie als Bauer oder Förster nebenher tätig sein, können Sie einen zusätzlichen Freibetrag in Anspruch nehmen. Wenn Ihre Gesamteinkünfte nicht über 30 700 Euro im Jahr liegen und Ihre land- oder forstwirtschaftlichen Einkünfte 670 Euro im Jahr nicht übersteigen, bleiben letztere steuerfrei. Für Ehepaare gelten die doppelten Beträge.

Minijobs

Wenn Sie sich als Rentner oder Pensionär noch etwas nebenher dazuverdienen wollen, ist der Minijob steuerlich das Mittel der Wahl. Der Minijob ist zwar auf 400 Euro Entgelt im Monat beschränkt, steuerlich dafür aber ausgesprochen pflegeleicht. Denn die Besteuerung des Lohns oder des Gehalts aus einem Minijob können Sie beziehungsweise Ihr Arbeitgeber über die sogenannte Pauschsteuer regeln. Diese pauschale Abgabe beträgt 2 Prozent Ihres Minijob-Entgelts. Die Pauschsteuer ist also ziemlich niedrig und außerdem auch noch praktisch. Denn damit sind in Bezug auf den Minijob alle Steuerfragen erledigt. Es spielt dabei keine Rolle, was Sie sonst noch an Einkünften haben. Der Minijob-Lohn bleibt bei der Berechnung Ihrer Gesamtsteuerbelastung außen vor. Normalerweise zahlt der Arbeitgeber die 2 Prozent Pauschsteuer, so wie die Sozialabgaben für den Minijob auch. Die Steuern darf er aber auf Sie als Minijobber abwälzen. Das heißt, zur Not müssen Sie die 2 Prozent selbst zahlen. Dann müssen Sie ausrechnen, ob sich das für Sie im Vergleich zu anderen Besteuerungsmöglichkeiten lohnt.

Denn Sie können sich im Minijob auch über das reguläre Lohnsteuerverfahren besteuern lassen oder über eine Pauschalsteuer in Höhe von 20 Prozent. Welche Besteuerungsvariante genommen wird, entscheidet letztlich der Arbeitgeber. Sie sollten aber versuchen, mit ihm zusammen die für Sie günstigste Variante zu finden. Wenn Sie ansonsten nur geringe Einkünfte haben, tut Ihnen die Besteuerung über das Lohnsteuerverfahren nicht weh. Lohnsteuer, die gegebenenfalls einbehalten wird, können Sie sich dann im nächsten Jahr mit einer Steuererklärung wiederholen. In diesem Fall würden beide, also Sie und Ihr Arbeitgeber, die 2 Prozent Pauschsteuer sparen. Außerdem können Sie, insofern Sie 64 oder 65 Jahre alt sind, den Altersentlastungsbetrag absetzen, wenn das Lohnsteuerverfahren gewählt wird. Die 20-prozentige Pauschalsteuer ist für Senioren nicht sinnvoll. Sie kommt nur für Praktikanten infrage, die die Pauschsteuer nicht nutzen dürfen.

Kurzfristige Beschäftigung

Wenn Sie im Jahr höchstens zwei Monate arbeiten, können Sie die Regeln der sogenannten kurzfristigen Beschäftigung nutzen. Für eine solche Tätigkeit müssen Sie keine Sozialabgaben zahlen. Wenn Sie bestimmte Grenzen einhalten, können Sie den Lohn oder das Gehalt mit 25 Prozent pauschal versteuern. Dazu darf ein Beschäftigungsverhältnis nicht länger als 18 Arbeitstage andauern und Sie dürfen pro Stunde nicht mehr als 12 Euro verdienen und pro Tag nicht mehr als 62 Euro. Die letzte Grenze wird nicht berücksichtigt, wenn die Tätigkeit unvorhergesehen angefordert und sofort begonnen wird. Das ist beispielsweise der Fall, wenn Sie einen Mitarbeiter vertreten, der krank geworden ist. Generell gilt aber: Wenn Sie diese Grenzen nicht einhalten, müssen Sie Ihren Lohn oder Ihr Gehalt regulär über das Lohnsteuerverfahren versteuern. Das kann für Sie günstiger sein, wenn Ihre persönliche Steuerbelastung unter 25 Prozent liegt. Dann können Sie so viel verdienen, wie Sie wollen, und müssen trotzdem keine Sozialabgaben zahlen. Außerdem können Sie dann, wenn Sie alt genug sind, den Altersentlastungsbetrag geltend machen. Nur die Zwei-Monatsgrenze muss auf jeden Fall eingehalten werden.

Übungsleiterpauschale

Die sogenannte Übungsleiterpauschale bietet sich an, wenn Sie nebenberuflich im sozialen, kulturellen oder sportlichen Bereich tätig sind. Dann können Sie im Jahr 2100 Euro steuer- und sozialabgabenfrei einnehmen. Dazu muss Ihr Arbeitgeber allerdings als gemeinnützige oder öffentlich-rechtliche Körperschaft anerkannt sein, die mildtätige, kirchliche oder gemeinnützige Zwecke verfolgt. So können Sie beispielsweise als Trainer einer Sportmannschaft beschäftigt werden, als Ausbilder Vorträge halten oder einen Chor leiten.

Ehrenamtspauschale

Bestimmte Tätigkeiten, wie die des Vereinsvorsitzenden oder anderer Funktionsträger dürfen nicht über die Übungsleiterpauschale abgerechnet werden. Für sie bleibt die Ehrenamtspauschale in Höhe von 500 Euro im Jahr. Diesen Betrag darf Ihnen Ihr Verein steuerfrei zahlen, um Ihren Aufwand zu entschädigen, also beispielsweise für Telekommunikations- oder Fahrtkosten.

Sicherheit über die eigene steuerliche Situation gewinnen

Wenn es um die Besteuerung Ihrer Rente und anderer Einkünfte geht, sind Sie weitgehend auf sich gestellt. Sie müssen prüfen, ob Sie zu den drei betroffenen Seniorengruppen gehören und ob Ihr zu versteuerndes Einkommen über dem Grundfreibetrag liegt. Sollte das der Fall sein, müssen Sie von sich aus eine Steuererklärung abgeben und Steuern zahlen. Unterstützung bei Ihren Steuerangelegenheiten finden Sie bei Lohnsteuerhilfevereinen und Steuerberatern. Grundsätzliche Informationen erhalten Sie auch bei den Finanzämtern selbst. Dieser Ratgeber bietet Ihnen ausführliche Informationen über den Umgang mit den Steuerbehörden. Im folgenden Kapitel erfahren Sie, worauf Sie achten müssen, wenn Sie Steuern zahlen müssen.

In den beiden vorangegangenen Kapiteln wurde dargestellt, wie die einzelnen Renten- und Einkunftsarten steuerlich behandelt werden. Jetzt geht es weiter um das zentrale Ziel, wie Sie bezüglich Ihrer steuerlichen Situation Sicherheit gewinnen. Denn wenn Sie zu einer der drei Seniorengruppen gehören, wie sie im Kapitel *Die betroffenen Gruppen* aufgeführt worden sind, sollten Sie unbedingt nachrechnen, ob Sie Steuern auf Ihre Alterseinkünfte zahlen müssen. Betroffen sind, wie ausgeführt, folgende Gruppen:

- Senioren mit hohen gesetzlichen Renten
- Senioren mit Zusatzrenten oder weiteren Einkünften
- Rentner, die mit einem Erwerbstätigen verheiratet sind

Im Umkehrschluss können alle, die nicht zu einer dieser drei Gruppen zählen, aufatmen. Wer als Lediger eine gesetzliche Rente bezieht, die nicht über 1 000 Euro im Monat liegt, keine Zusatzrenten oder andere Einkünfte bezieht und nicht mit einem Erwerbstätigen verheiratet ist, muss keine Steuern zahlen. Solange keine weiteren Einkünfte dazukommen oder hohe Rentensteigerungen, ist für Sie das Thema Steuern erst einmal erledigt. Ehepaare können im Monat zusammen bis zu 2 000 Euro gesetzliche Renten beziehen, solange keine zusätzlichen Einkünfte vorliegen und beide im Ruhestand sind.

WISO rät

Prüfen Sie, ob Sie zu einer der drei oben genannten Gruppen gehören.

Gehören Sie aber zu einer der drei Gruppen, müssen Sie in der Tat nachrechnen, ob Sie wirklich Steuern zahlen müssen und wenn ja, wie viel. Im ersten Schritt ist die Frage, ob man Steuern zahlen muss, einfach zu beantworten. Wenn Ihr zu versteuerndes Einkommen über dem steuerlichen Grundfreibetrag von 8 004 Euro im Jahr (Stand 2010) liegt, werden Sie vom Finanzamt zur Kasse gebeten. Der zweite Schritt ist leider viel komplizierter. Denn das zu versteuernde Einkommen zu ermitteln, ist eine Kunst für sich. Hier kommt es jeweils auf die Art der Renten und Einkünfte an. Wie im Kapitel *Besteuerung der Renten und Pensionen* geschildert, zählt nicht die gesamte gesetzliche Rente zum zu versteuernden Einkommen, sondern nur der Besteuerungsanteil. Von den Zusatzrenten wird, wie im Kapitel *Besteuerung der zusätzlichen Alterseinkommen* gezeigt, teilweise nur der Ertragsanteil oder eben auch der Besteuerungsanteil zum zu versteuernden Einkommen gerechnet. Manche Zusatzrenten werden aber auch voll angerechnet, wobei wiederum größere Freibeträge angesetzt werden können. Ähnliches gilt für die Einkünfte aus Kapital und aus Vermietung. Sie sehen, das Hauptproblem besteht darin, das zu versteuernde Einkommen zu ermitteln. Deswegen wurden die verschiedenen Besteuerungsvarianten in den beiden vorangegangenen Kapiteln ausführlich dargestellt. In der Praxis haben Sie nun die Möglichkeit, die geschilderten Regeln auf Ihre Einkünfte anzuwenden, oder Sie lassen sich vorab von Ihrem Finanzamt informieren.

Informationen der Finanzbehörden

Die meisten Finanzämter vor Ort, aber auch die Oberfinanzdirektionen, die Landesfinanzämter und die Finanzministerien der Länder versuchen, die Senioren vorab zu informieren. Die Behörden bieten verschiedene Informationsveranstaltungen, Hotlines und Broschüren an. Letztere finden Sie auch auf den Websites der einzelnen Ämter. Die Finanzbehörden sind aktiv, weil sie selbst daran interessiert sind, dass möglichst nur die Rentner eine Steuererklärung abgeben, die auch wirklich Steuern zahlen müssen. Es liegt nicht im Interesse der Finanzämter, dass alle Rentner eine Steuererklärung abgeben, weil viele von ihnen keine Steuern zahlen müssen. Diese Erklärungen zu bearbeiten, lohnt sich schlicht nicht. Deswegen sollten Sie sich vor Ort bei Ihrem Finanzamt erkundigen, welche Informationen man Ihnen als Rentner oder Pensionär zur Verfügung stellen kann oder ob Sie bei der jeweiligen Oberfinanzdirektion beziehungsweise bei dem Landesfinanzamt oder dem Landesfinanzministerium mehr erfahren. Wenn Sie sich unsicher sind, inwieweit Sie Steuern zahlen müssen, ist es den Finanzämtern lieber, Sie rufen an und gehen mit einem Sachbearbeiter überschlägig Ihre Einkünfte durch, als dass Sie gleich eine Steuererklärung abgeben, die nicht nur Ihnen, sondern eben auch dem Amt viel Arbeit bereitet. Wenn Sie selbst rechnen wollen, finden Sie auf der Website des bayerischen Landesamtes für Steuern unter www.lfst.bayern.de im Abschnitt Steuerinfos einen Alterseinkünfterechner. Hier können Sie Ihre Einkünfte eingeben und sich Ihre Steuerbelastung ausrechnen lassen. Ein ähnliches Programm finden Sie auf der Internetseite der Stiftung Warentest unter www.test.de/rechner.

Zur Sicherheit: Nichtveranlagungsbescheinigung

Wenn Sie mit den Informationen der Finanzbehörden nicht weiterkommen, können Sie, insofern Ihr Finanzamt einverstanden ist, einen Kunstgriff anwenden. Wenn Sie nämlich mit Ihrem zu versteuernden Einkommen unter der Grenze des

Grundfreibetrags bleiben, können Sie eine Nichtveranlagungsbescheinigung beantragen. Der Antrag ist quasi eine kleine Steuererklärung. Es werden alle wichtigen Freibeträge und Ausgaben berücksichtigt. Wenn Sie eine Nichtveranlagungsbescheinigung ausgestellt bekommen, haben Sie es schwarz auf weiß, dass Sie keine Steuern zahlen müssen. Damit gewinnen Sie mit einem überschaubaren Aufwand Sicherheit.

Das Problem ist allerdings, dass eine Nichtveranlagungsbescheinigung normalerweise nur ausgestellt wird, um höhere Zinsen und andere Kapitaleinkünfte steuerfrei zu stellen (siehe Abschnitt *Steuern auf Zinsen und andere Kapitaleinkünfte*). Wenn beispielsweise ein Senior eine durchschnittliche gesetzliche Rente bezieht, daneben aber etwas höhere Kapitaleinkünfte erzielt, behält die Bank Abgeltungsteuer ein. Solange der Rentner aber mit seinem zu versteuernden Einkommen insgesamt unter dem Grundfreibetrag bleibt, kann er der Bank eine Nichtveranlagungsbescheinigung vorlegen, sodass die Bank ihm seine Zinsen ohne Abzüge auszahlt. Sonst müsste sich der Rentner seine zu viel gezahlten Steuern im folgenden Jahr mit einer Steuererklärung wiederholen, was für alle Beteiligten mehr Arbeit wäre.

WISO rät

Wenn Sie sich nicht sicher sind, ob Sie Steuern zahlen müssen, können Sie eine Nichtveranlagungsbescheinigung beantragen.

Normalerweise stellt Ihnen Ihr Finanzamt nur dann eine Nichtveranlagungsbescheinigung aus, wenn Sie mehr als 801 Euro Kapitaleinkünfte im Jahr haben. Dieser Betrag ist nämlich schon durch den Sparerpauschbetrag steuerfrei gestellt. Nun ist es aber auch für das Finanzamt eine Arbeitserleichterung, einem Rentner durch die Nichtveranlagungsbescheinigung Sicherheit zu bieten, anstatt eine Steuererklärung von ihm entgegenzunehmen. Außerdem müssen bei der Prüfung einer Nichtveranlagungsbescheinigung immer sämtliche Einkünfte betrachtet werden, also nicht nur die Kapitaleinkünfte. Als WISO anfragte, hat die Mehrheit der Oberfinanzdirektionen beziehungsweise der Landesbehörden diese Argumentation nachvollzogen. Sie sollten einfach Ihr Finanzamt fragen, ob Sie zur Sicherheit eine Nichtveranlagungsbescheinigung ausgestellt bekommen. Wenn sich das Amt darauf einlässt, haben Sie verlässlich Klarheit. Manche Finanzbehörden machen allerdings eine Steuererklärung für das aktuelle Jahr zur Voraussetzung zur Ausstellung einer Nichtveranlagungsbescheinigung für die weiteren Jahre. Sie sollten es einfach probieren.

Steuererklärung

Das deutsche Fiskalsystem kennt drei Wege, Steuern zu erheben. Es gibt erstens das Lohnsteuerverfahren. Hier werden die Steuern bereits bei Auszahlung des Lohns oder des Gehalts einbehalten und abgeführt. Dieses Verfahren betrifft auch Senioren, die von ihrem ehemaligen Arbeitgeber eine Werkspension erhalten, von der bei ihrer Auszahlung monatlich direkt die Steuern abgezogen werden. Dasselbe gilt für Beamte im Ruhestand, denn auch Pensionäre nehmen am Lohnsteuerverfahren teil. Die zweite Erhebungsmethode ist die Abgeltungsteuer, die auf Kapitaleinkünfte berechnet wird. Sie ist dem Lohnsteuerverfahren ganz ähnlich: Die Steuern werden noch vor der Auszahlung einbehalten. Nur sind die Steuerschulden damit dann auch tatsächlich abgegolten, wie die Bezeichnung Abgeltungsteuer schon sagt. Die dritte Methode ist die sogenannte Veranlagung. Das heißt, erst im Folgejahr reicht der Steuerzahler eine Steuererklärung ein. Das Finanzamt prüft diese und erlässt einen Steuerbescheid, der festlegt, wie viel Steuern zu zahlen sind oder wie viel Steuern erstattet werden. In dem Bescheid kann das Finanzamt auch vierteljährliche Vorauszahlungen festlegen. Für die Rentner ist diese dritte Erhebungsmethode die entscheidende. Die Steuern auf die gesetzliche Rente werden nachträglich über dem Weg der Veranlagung erhoben. Das gilt auch für fast alle Zusatzrenten und für mögliche Mieteinkünfte. Nur Werks- und Beamtenpensionen werden, wie oben angesprochen, über das Lohnsteuerverfahren besteuert. Zinsen und andere Kapitaleinkünfte werden mit der Abgeltungsteuer belastet.

Pflicht zur Abgabe einer Steuererklärung

Die offiziellen Regeln, die vorschreiben, wer eine Steuererklärung abgeben muss, helfen nicht wirklich weiter, wenn es um die Frage geht, ob man überhaupt Steuern zahlen muss. Ins normale Deutsch übersetzt lauten sie: Wenn ein Rentner Steuern zu zahlen hat, muss er eine Steuererklärung abgeben. Umgekehrt gilt, dass ein Rentner keine Steuererklärung abgeben muss, wenn er keine Steuern zahlen muss. Sie müssen sich also selbst schlau machen und berechnen, ob Sie Steuern zahlen müssen oder nicht. Die Finanzverwaltung macht es sich in diesem Punkt recht einfach. Theoretisch könnten die Finanzämter von jedem Rentner eine Steuererklärung verlangen. Davon sieht man ab, weil das in den meisten Fällen viel Arbeit, aber keine Steuereinnahmen bringen würde. Kommt aber ein Rentner mit seinem Einkommen in den Bereich, in dem er Steuern zahlen muss, muss er von sich aus dies mit einer Steuererklärung anzeigen. Tut er das nicht, erinnert ihn das Finanzamt daran, dass er als Rentner eine Steuererklärung abgeben muss.

Wenn Sie sich jetzt ein wenig alleingelassen fühlen, haben Sie Recht. Die Vorschriften überlassen es Ihnen, sich um Ihre Steuerangelegenheiten zu kümmern. Sie werden als Rentner steuerrechtlich wie ein Selbstständiger behandelt. Das ist für die betroffenen Rentner durchaus eine Herausforderung.

Achtung!
Es liegt an Ihnen, eine Steuererklärung abzugeben, wenn Sie Steuern zahlen müssen.

Die Schlussfolgerung aus dieser unbefriedigenden Gesetzeslage lautet: Wenn Ihr zu versteuerndes Einkommen, nachdem Sie Ihre Ausgaben und die Ihnen zustehenden Freibeträge abgezogen haben, über dem Grundfreibetrag liegt, müssen Sie eine Steuererklärung machen und danach Steuern zahlen. Das gilt auch für den Fall, dass Sie zurzeit unter dem Grundfreibetrag bleiben, später aber durch Rentenerhöhungen oder andere Einkommensverbesserungen mit Ihrem zu versteuernden Einkommen darüber rutschen. Der Abgabetermin für eine Einkommensteuererklärung ist grundsätzlich der 31. Mai des Folgejahres. Wenn Ihnen die Zeit bis dahin nicht reicht, können Sie das Finanzamt formlos um eine Verlängerung der Frist bitten.

Es gibt allerdings auch Konstellationen, in denen die Abgabe einer Steuererklärung wirklich verbindlich vorgeschrieben ist. Dies ist der Fall, wenn Sie beispielsweise verheiratet sind und Sie und Ihr Ehepartner die Steuerklassen III und V nutzen, wie auch, wenn die Steuerklasse VI angewendet worden ist. Dasselbe gilt für den Fall, dass ein Ehepartner schon in Rente ist, während der andere noch arbeitet. Wenn Sie Entgeltersatzleistungen bezogen haben, wie etwa Krankengeld oder Arbeitslosengeld I, müssen Sie sich ebenfalls erklären. Wenn Sie sich Freibeträge auf der Lohnsteuerkarte eintragen lassen, sollten Sie nachfragen, ob Sie deswegen im nächsten Jahr eine Steuererklärung abgeben müssen. Im ersten Rentenjahr, wenn Sie anfangs noch gearbeitet haben, müssen Sie eine Steuererklärung abgeben, es sei denn, Ihre Rente kommt in diesem Jahr insgesamt nicht über 410 Euro.

Unterstützung bei der Steuererklärung

Bevor Sie Ihre Steuererklärung angehen, sollten Sie sich überlegen, ob Sie sich Unterstützung suchen. Das kann ein Lohnsteuerhilfeverein in Ihrer Nähe sein. Diese Vereine kümmern sich um die Steuerangelegenheiten von abhängig Beschäftigten und von Rentnern. Miet- oder Kapitaleinkünfte oder auch sonstige Einkünfte können ebenfalls bearbeitet werden, allerdings nur bis zu einer Grenze der Einnahmen von insgesamt 13 000 Euro im Jahr für Ledige beziehungsweise 26 000 Euro bei Ehepaaren. Zu selbstständigen Einkünften dürfen die Lohnsteuerhilfevereine nicht beraten. Es sei denn, es handelt sich um eine ehrenamtliche Tätigkeit. Gewerbetreibende bleiben ebenfalls außen vor, genauso wie Land- und Forstwirte. Einem Lohnsteuerhilfeverein zahlen Sie kein Honorar, sondern einen Mitgliedsbeitrag, nach Einkommen gestaffelt, meist zwischen 50 bis 200 Euro im Jahr. Die Pflichten und Rechte eines Lohnsteuerhilfevereins sind im Steuerberatungsgesetz (StBerG) beziehungsweise der Durchführungsverordnung der Vorschriften über Lohnsteuerhilfevereine (DVLStHV) geregelt. Danach muss der Leiter einer Beratungsstelle ausreichend kaufmännisch und steuerrechtlich qualifiziert sein. Die meisten Lohnsteuerhilfevereine sind in einem der zwei Dachverbände BDL oder NVL organisiert. Hier finden Sie auch Adressen von Lohnsteuerhilfevereinen in Ihrer Nähe.

Bundesverband der Lohnsteuerhilfevereine e. V. (BDL)
Kastanienallee 18
14052 Berlin
Telefon: 030 30 10 86 10
E-Mail: info@bdl-online.de
Internet: www.bdl-online.de

Neuer Verband der Lohnsteuerhilfevereine e.V. (NVL)
Oranienburger Chaussee 51
13465 Berlin
Telefon: 030 4 01 29 25
E-Mail: info@nvl.de
Internet: www.nvl.de

Sie können natürlich auch mithilfe eines Computerprogramms Ihre Steuererklärung machen, beispielsweise mit dem *WISO-*

Sparbuch. Wenn Ihre Steuerangelegenheiten komplizierter sind oder Sie selbstständige, gewerbliche oder landwirtschaftliche Einkünfte haben, ist es meistens sinnvoll, die Dienste eines Steuerberaters in Anspruch zu nehmen. Dasselbe gilt, wenn Sie höhere Kapital- oder Mieteinkünfte erzielen. Wenn es also um Verlustvor- und Nachträge geht, um Investitionen oder um Abschreibungen, sollte ein Profi ran. Auch wenn Sie ins Ausland ziehen, sollten Sie sich beraten lassen. Wenn Sie planen, Vermögen zu schenken, natürlich auch. Adressen finden Sie unter anderem bei der Steuerberaterkammer Ihres Bundeslandes.

Steuerbescheid

In der Regel vier bis sechs Wochen, nachdem Sie Ihre Steuererklärung abgegeben haben, schickt Ihnen das Finanzamt Ihren Steuerbescheid. Darin steht der Betrag, den Sie an Steuern zu zahlen haben und bis wann er auf dem Konto der Behörde eingehen sollte. Außerdem wird ausführlich die Berechnung Ihrer Steuerschuld gezeigt. Diese Angaben sollten Sie prüfen, gegebenenfalls nochmals mithilfe eines Lohnsteuerhilfevereins oder eines Steuerberaters. Wenn Sie selbst gerechnet haben, vergleichen Sie die Werte im Bescheid mit Ihren eigenen Aufzeichnungen. Sollte Ihnen etwas unklar sein, rufen Sie einfach Ihren Sachbearbeiter an und bitten Sie ihn um die Erklärung des Sachverhalts. Sollten Sie auch danach mit dem Bescheid nicht einverstanden sein, können Sie innerhalb eines Monats, nachdem Sie ihn erhalten haben, schriftlich Einspruch einlegen. Aber Achtung, ein Einspruch zwingt das Finanzamt, sich noch einmal mit Ihrem Fall zu befassen, er hat aber keine aufschiebende Wirkung auf

Ihre Zahlungsverpflichtung. Das heißt, die festgesetzten Steuern müssen Sie trotz Einspruchs bis zum genannten Termin zahlen. Die Zahlung können Sie nur vermeiden, indem Sie beim Finanzamt betragen, die Vollziehung auszusetzen. Diesem Antrag wird das Finanzamt aber nur zustimmen, wenn Sie stichhaltig belegen können, dass man zu viel Steuern von Ihnen fordert. Wenn Sie feststellen, dass Sie vergessen haben, etwas geltend zu machen, können Sie das innerhalb der einmonatigen Einspruchsfrist noch nachmelden.

Wenn das Finanzamt aufgrund Ihrer Steuererklärung und der Informationen aus dem Meldesystem zu dem Schluss kommt, dass Sie keine Steuern zahlen müssen, wird es Ihnen eine sogenannte Null-Feststellung schicken, also einen Steuerbescheid, in dem steht, dass Ihre Steuerschuld null Euro beträgt. Dazu wird man Ihnen in der Regel schreiben, dass Sie bis auf weiteres keine Steuererklärung mehr abgeben müssen. Dann haben Sie zwar einigen Aufwand betrieben, die Steuererklärung zu verfassen, haben es dann aber amtlich, dass Sie fürs Erste steuerfrei bleiben. Nur für den Fall, dass sich Ihre Einkünfte erhöhen, müssen Sie doch noch mal ran.

Vorauszahlungen

In vielen Fällen werden Sie in Ihrem Steuerbescheid nicht nur eine Aufforderung finden, einen bestimmten Betrag an Steuern für das vergangene Jahr zu zahlen, sondern auch eine für Vorauszahlungen. In manchen Fällen schickt das Finanzamt auch einen getrennten Vorauszahlungsbescheid. Damit werden Sie aufgefordert, zum 10. März, zum 10. Juni, 10. September und 10. Dezember, also jeweils zum 10. des dritten Monats im Quartal eine Vorauszahlung Ihrer Einkommensteuern für das laufende Jahr zu leisten. Mit diesen Vorauszahlungen zieht das Finanzamt Ihre Steuerzahlungen vor und verteilt sie übers Jahr. Wenn Ihnen die Vorauszahlungen zu hoch erscheinen, schreiben Sie das dem Finanzamt und bitten Sie um eine Herabsetzung. Das müssen Sie natürlich begründen, etwa mit geringeren Einkünften, als sie die Behörde unterstellt.

Nachzahlungen

Wenn Sie für mehrere Jahre Steuern nachzahlen müssen, kann es durchaus um höhere Beträge gehen, die nicht jeder Rentner so ohne weiteres sofort aufbringen kann. Dann sollten Sie beim Finanzamt um eine Stundung beziehungsweise um eine Ratenzahlung Ihrer Steuerschulden nach § 222 Abgabenordnung (AO) bitten. Darauf wird sich das Amt in der Regel einlassen.

Es kann auch dadurch zu einer hohen Belastung kommen, dass Nachzahlungen für die vergangenen Jahre gleichzeitig mit einer höheren Vorauszahlung für das laufende Jahr verlangt werden. Auch in diesem Fall sollten Sie sich bei Zahlungsschwierigkeiten ans Finanzamt wenden und um eine Streckung der Zahlungen bitten.

Säumniszuschlag

Ein Säumniszuschlag kommt erst infrage, wenn das Finanzamt die Steuerbelastung bereits festgelegt hat, also einen Steuerbescheid erlassen hat. Werden diese Steuern dann nicht pünktlich gezahlt, verlangt die Behörde den Säumniszuschlag. Er beträgt nach § 240 AO 1 Prozent der Steuerschuld pro angefangenen Monat nach Ablauf des Fälligkeitstages. Es wird auf den letzten durch 50 Euro teilbaren Betrag abgerundet.

Meldesystem

Ein wesentlicher Grund für die Verunsicherung der Rentner besteht darin, dass der Staat erst sehr verspätet ein Meldesystem aufgebaut hat, das die Finanzämter über die Einkünfte der Senioren informiert. Das Alterseinkünftegesetz ist zwar im Januar 2005 in Kraft getreten, das dazugehörige Meldesystem hat aber erst im Oktober 2009 seine Arbeit aufgenommen. Regulär funktioniert es erst seit Januar 2010. Das heißt, die Rentner waren fünf Jahre lang darauf angewiesen, sich selbst zu informieren und sich über ihre Steuerangelegenheiten schlau zu machen. Die Folgen dieser langen Verzögerung sind für viele betroffene Senioren erhebliche Steuernachforderungen.

Rentenbezugsmitteilungsverfahren

Offiziell wird das Meldesystem als Rentenbezugsmitteilungsverfahren bezeichnet. Im Zuge dieses Verfahrens nach § 22 a Absatz 1 Satz 1 EStG werden Daten über die Einkünfte aller Rentner in Deutschland gesammelt. Die Informationen laufen bei der Zentralen Zulagenstelle für Altersvermögen (ZfA) in der Stadt Brandenburg auf. Sie ist eine Abteilung der Deutschen Rentenversicherung Bund und bislang für die Auszahlung der Zulagen für die Riester-Rente zuständig. Jetzt sammelt die ZfA auch die Daten über die Einkünfte der Senioren.

Fast alle Institutionen, die in Deutschland Renten auszahlen, müssen ihre Leistungen detailliert an die ZfA melden. Im Einzelnen sind das die folgenden Unternehmen und öffentlich-rechtlichen Anstalten:

- die Deutsche Rentenversicherung, die die gesetzliche Rente auszahlt
- die Pensionskassen und Pensionsfonds, die Betriebsrenten zahlen
- die Versicherungsunternehmen, die private oder betriebliche Renten auszahlen, auch Riester- oder Basisrenten
- die Banken, die Riester-Renten auszahlen
- die Investment-Gesellschaften, die Riester-Renten auszahlen
- die berufsständischen Versorgungswerke, die an Freiberufler Renten zahlen
- die landwirtschaftlichen Alterskassen, die an Bauern Renten zahlen

Alle gesetzlichen, betrieblichen und privaten Renten müssen von diesen Institutionen an die ZfA gemeldet werden. Man bezeichnet diese Meldungen als Rentenbezugsmitteilungen. Eine solche Rentenbezugsmitteilung enthält die Höhe der Rente, die Art der Rente und den Beginn der Rentenzahlung sowie bei zeitlich befristeten Renten, wie etwa Berufsunfähigkeitsrenten, auch das Ende der Rentenzahlung.

Das Rentenbezugsmitteilungsverfahren meldet die meisten Renten, aber nicht alle. Die Werkspensionen, die direkt vom ehemaligen Arbeitgeber ausgezahlt werden, sind nicht erfasst. Sie werden über das Lohnsteuerverfahren besteuert, sodass das Finanzamt sowieso Bescheid weiß. Dasselbe gilt für die Beamtenpensionen. Ebenfalls nicht vom Rentenbezugsmitteilungsverfahren erfasst werden die anderen Einkünfte der Senioren, also etwa Kapital- oder Mieteinkünfte. Wobei die Finanzbehörden über das Abgeltungsteuerverfahren über Ihre Zinsen und andere Kapitalerträge auf dem Laufenden gehalten werden. Das passiert bereits auch dadurch, dass Sie einen Freistellungsauftrag stellen. Sollten Sie Mieteinkünfte erzielen, haben Sie in der Regel bereits viel mit dem Finanzamt zu tun gehabt, alleine schon, um die Kosten geltend zu machen. Insgesamt ist festzustellen, dass der Fiskus die Senioren seit 2010 fest im Blick hat.

Achtung!
Durch die verschiedenen Kontroll- und Meldeverfahren sind die Finanzämter mittlerweile umfassend über die Einkünfte der Rentner und Pensionäre informiert.

Die oben genannten Institutionen, die Renten auszahlen, haben jeweils bis zum 1. März Zeit, die Leistungen, die sie im vorangegangenen Jahr ausgezahlt haben, an die ZfA zu melden. Alle Renten, die von Januar 2005 bis Dezember 2008 gezahlt wurden, mussten nachträglich gemeldet werden, und zwar in der Zeit vom 1. Oktober bis zum 31. Dezember 2009. Die ZfA sammelt die Daten und sortiert sie mithilfe der neuen persönlichen Identifikationsnummern. Dann schickt sie die Informationen an die jeweiligen Landesfinanzbehörden, und die geben sie weiter an die einzelnen Finanzämter. Dadurch weiß das Finanzamt vor Ort über die Einkünfte der Senioren in seinem Bezirk Bescheid. Jedes Amt gleicht die Daten der ZfA mit den eigenen Beständen ab und berechnet, ob der einzelne Rentner Steuern zahlen muss. Ist dies der Fall, schickt das Finanzamt dem betroffenen Senior einen Brief, in dem es ihn auffordert, eine Steuererklärung abzugeben. Sollte der Betroffene dem nicht nachkommen, wird sein Einkommen geschätzt und auf dieser Basis ein Steuerbescheid erlassen. Hat ein Rentner schon regelmäßig Steuererklärungen abgegeben, und stellt das Finanzamt durch die ZfA-Informationen fest, dass nicht alle Einkommen vollständig erfasst worden sind, erlässt es einen neuen Steuerbescheid, mit dem es zusätzliche Steuern einfordert.

Persönliche Identifikationsnummer

Eine der Voraussetzungen für das Rentenbezugsmitteilungsverfahren war die Einführung der persönlichen Identifikationsnummer nach § 139 b AO. Die Verzögerungen bei der Einführung des Meldesystems wurden unter anderem damit begründet, dass die Identifikationsnummern noch nicht zur Verfügung standen. Seit Sommer 2008 ist dies nun der Fall. Jeder, der in Deutschland gemeldet ist, hat eine solche Identifikationsnummer erhalten, vom Säugling bis zum Greis. Die Nummern sollen ein Leben lang gelten, egal wohin man zieht, und den Verkehr zwischen Bürgern und Behörden erleichtern. Das gilt vor allem für Steuerangelegenheiten. Die Persönliche Identifikationsnummer besteht aus elf Ziffern. Ihre Reihenfolge ist zufällig, hat also keine Bedeutung. Die Nummern wurden vom Bundeszentralamt für Steuern zugeteilt und von der jeweiligen Meldebehörde vor Ort an die Einwohner verschickt. Mit der Nummer werden folgende Daten gespeichert beziehungsweise mitgeteilt: Titel, Familienname, Ehename, Lebenspartnerschaft, Geburtsname, Vorname, Geschlecht, Adresse, Geburtstag, Geburtsort und Geburtsstaat, wenn es nicht Deutschland ist. Die Nummer und ihre Daten sollen uns alle überdauern. Sie können bis zu 20 Jahre nach dem Tod aufgehoben werden.

Sanktionen

Die Finanzbehörden haben erklärt, mit Rentnern, die es versäumt haben, rechtzeitig eine Steuererklärung abzugeben und Steuern zu zahlen, nachsichtig umzugehen. Nicht zuletzt auch deswegen, weil das Meldesystem, das für Klarheit sorgt, erst mit fünfjähriger Verspätung seine Arbeit aufgenommen hat. Die Behörden haben meistens einen gewissen Ermessensspielraum, den sie zugunsten der Senioren nutzen können. Dabei dürften steuerlich unerfahrene Rentner mit mittleren Einkommen eher geschont werden als Wohlhabende, denen man unterstellen kann, dass sie sich in Sachen Steuern einigermaßen auskennen. Grundsätzlich hat das Finanzamt zwei Möglichkeiten, Sie zu sanktionieren, wenn Sie keine Steuererklärung abgegeben haben, obwohl Sie dazu verpflichtet sind und demzufolge auch keine Steuern gezahlt haben. Zum einen kann es die Verzinsung der nachzuzahlenden Steuern verlangen und zum anderen einen Verspätungszuschlag erheben.

Verzinsung der Steuernachforderung

Wenn Sie Ihrer Steuerpflicht nicht nachkommen, verlangt das Finanzamt nach § 233a AO Zinsen auf die nicht gezahlten Steuern. Die Verzinsung beginnt 15 Monate nach Ablauf des

Kalenderjahres, für das die Steuern fällig sind, und beträgt ein halbes Prozent der Steuerschuld pro vollem Monat. Das sind 6 Prozent im Jahr. Wenn Sie also beispielsweise die Einkommensteuer für 2007 nicht erklärt und gezahlt haben, hat die Verzinsung am 1. April 2009 begonnen. Die Verzinsung der nachzuzahlenden Steuern ist gesetzlich vorgeschrieben und wird automatisch in Gang gesetzt. Das Finanzamt kann auf die Verzinsung nicht verzichten, denn es hat hier in der Regel keinen Ermessensspielraum. Die Verzinsung gilt auch nicht als Strafe, sondern als Preis für die mögliche Nutzung des Geldes, das der Steuerzahler nicht abgeführt hat. Nur in wenigen Ausnahmefällen, wenn der Steuerzahler plausibel begründen kann, warum er keine Steuererklärung abgegeben und keine Steuern gezahlt hat, kann die Behörde von der Vorschrift abweichen. Die Verzinsung steht Ihnen übrigens auch umgekehrt zu, wenn Sie vom Finanzamt zu viel gezahlte Steuern verspätet erstattet bekommen.

Verspätungszuschlag

Neben der Verzinsung der Steuernachforderung kann das Finanzamt nach § 152 AO auch noch einen Verspätungszuschlag erheben. Er kann bis zu 10 Prozent der Steuerschuld betragen, aber höchstens 25 000 Euro. Der Zuschlag wird in jedem Einzelfall bemessen. Es kommt darauf an, wie lange die Erklärungsfrist schon abgelaufen ist, welche Vorteile der Steuerzahler durch die vorläufige Ersparnis der Steuern hatte und wie gut er sich im Steuerrecht auskennt. Hier hat das Finanzamt einen Ermessensspielraum. Je nachdem ob der Steuerzahler sich sonst gesetzestreu verhalten hat oder schon mehrmals seine Steuern nicht gezahlt hat, fällt der Zuschlag geringer oder höher aus, oder es wird ganz auf ihn verzichtet.

Verjährung

Der Anspruch des Staates auf Steuerzahlungen währt nicht ewig. Normalerweise hat das Finanzamt vier Jahre nach Ablauf des Kalenderjahres, das besteuert wird, Zeit, die Einkommensteuer festzusetzen. Wird allerdings keine Steuererklärung abgegeben, obwohl eine Verpflichtung dazu bestand, verlängert sich diese Frist um weitere drei Jahre. Das heißt, das Finanzamt hat sieben Jahre Zeit, eine Steuerschuld zu ermitteln, wenn der Steuerzahler keine Steuererklärung abgibt, obwohl er dazu verpflichtet ist. Das gilt unter anderem auch für Rentner und Pensionäre.

Steuerschulden können allerdings auch vererbt werden. Bis zu zehn Jahre nach dem Tod des Steuerschuldners kann das Finanzamt noch Steuern von den Erben einfordern. Dabei hat das Amt eine gute Informationsbasis. Nach dem Tod erhalten die Finanzbehörden einen detaillierten Überblick über die Vermögensverhältnisse eines Erblassers. Durch die persönlichen Identifikationsnummern unterliegen die Steuerzahler auch nach ihrem Ableben der umfassenden Kontrolle durch das Finanzamt.

Achtung!
Steuerschulden gehen auf die Erben über.

Schätzen der Steuerschuld

Geben Sie keine Steuererklärung ab, obwohl Sie dazu verpflichtet sind, kann das Finanzamt nach § 162 AO Ihr zu versteuerndes Einkommen schätzen und auf dieser Basis Ihre Steuerschuld berechnen. Die Behörde erlässt dann einen Schätzungsbescheid. Fordert das Finanzamt darin zu viel Steuern, sollten Sie unbedingt Einspruch einlegen, und zwar innerhalb eines Monats, nachdem Sie den Bescheid erhalten haben. Sie sollten aber auch aktiv werden und das Finanzamt darauf hinweisen, wenn Ihre Steuerschuld zu niedrig festgesetzt wurde. Andernfalls machen Sie sich gegebenenfalls der Steuerverkürzung beziehungsweise -hinterziehung schuldig.

Steuerverkürzung und Steuerhinterziehung

Im schlimmsten Fall prüft das Finanzamt, inwieweit Steuerverkürzung oder sogar Steuerhinterziehung vorliegen, wenn Sie Ihrer Verpflichtung zur Steuererklärung und zur Steuerentrichtung nicht nachkommen. Dabei ist die leichtfertige Steuerverkürzung nach § 378 AO noch eine Ordnungswidrigkeit, die aber immerhin mit einer Geldbuße von bis zu 50 000 Euro geahndet werden kann. Wenn in der Steuererklärung vorsätzlich falsche oder unvollständige Angaben gemacht werden, geht es aber um Steuerhinterziehung nach § 370 AO. Das ist eine Straftat. Allein schon der Versuch ist strafbar. Steuerhinterziehung kann mit einer Freiheitsstrafe bis zu fünf Jahren geahndet werden, in schweren Fällen sogar bis zu zehn Jahren.

Mit einer sogenannten Selbstanzeige kann man sich gegebenenfalls vor der Geldbuße wegen Steuerverkürzung beziehungsweise der Strafe wegen Steuerhinterziehung schützen. Zu dem Mittel der Selbstanzeige sollte man aber nur greifen, nachdem man sich ausführlich hat beraten lassen. Danach kann man dem Finanzamt schreiben, dass man bestimmte Beträge nicht versteuert hat und dies nun nachholen, berichtigen oder ergänzen möchte. Die nicht versteuerten Einnahmen sollten genau aufgelistet werden. Es sollte allerdings nichts von Steuerhinterziehung oder Selbstanzeige geschrieben werden. Voraussetzung ist aber grundsätzlich, dass das Finanzamt nicht schon über die fehlenden Steuerzahlungen Bescheid weiß. Dann nämlich ist es für eine Selbstanzeige zu spät. Wenn das Finanzamt zuerst aktiv wird, haben Sie keine Möglichkeiten mehr zur Selbstanzeige.

Steuerbelastung verringern

Wenn Sie denn schon Steuern zahlen müssen, sollten Sie versuchen, Ihre Belastung so weit wie möglich zu verringern. Das machen Sie, indem Sie Kosten absetzen. Das können Ausgaben für die Gesundheit sein, Versicherungsbeiträge oder das Geld, das Sie Ihrer Putzfrau zahlen. Das folgende Kapitel zeigt Ihnen, in welchen Kategorien Sie Kosten steuerlich geltend machen können und worauf Sie bei Ihrer Steuererklärung achten müssen.

In den vorangegangenen Kapiteln wurde erläutert, welche Rolle das zu versteuernde Einkommen spielt, auf welcher Grundlage es berechnet wird und ab welcher Einkommenshöhe tatsächlich Steuern zu zahlen sind. In diesem Kapitel geht es um Ihre Kosten und Ausgaben, die Sie gegebenenfalls geltend machen können, um Ihre Steuerbelastung zu senken. Wenn Sie Ausgaben von der Steuer absetzen, verringern Sie Ihr zu versteuerndes Einkommen, sodass Sie weniger Steuern zahlen müssen.

WISO rät

Prüfen Sie, welche Kosten und Ausgaben Sie geltend machen können.

Um Ausgaben steuerlich geltend zu machen, müssen Sie sie belegen. Deswegen hat jede Steuererklärung etwas von einer Zettelwirtschaft. Sie müssen Quittungen, Rechnungen und andere Belege sammeln und sortieren. Ohne diese Unterlagen können Sie Ihre Ausgaben beim Finanzamt nicht geltend machen. Das heißt, je mehr Belege Sie aufheben und einreichen, desto weniger Steuern müssen Sie zahlen. Der Umkehrschluss gilt aber leider auch: Je weniger Sie an Belegen vorlegen, desto mehr Steuern müssen Sie zahlen.

WISO rät

Sammeln Sie die Belege Ihrer Ausgaben und Kosten.

Die vielen kleinen und großen Kassenbons und Quittungen können bares Geld wert sein, wenn Sie damit Ihre Steuerbelastung verringern.

Tipps zur Steuererklärung

Selbstverständlich können Sie Ihre Steuerbelastung nicht mit Quittungen und Rechnungen wegzaubern, Sie können sie aber mindern. Also werfen Sie Ihre Zuzahlungsbelege der Praxisgebühr, Ihre Quittungen aus der Apotheke und die Rechnung von Ihrer Krankengymnastin das Jahr über in einen

Schuhkarton, damit nichts verloren geht. Welche Ausgaben und Kosten infrage kommen, lesen Sie gleich.

Einmal im Jahr, wenn Sie sich an Ihre Steuererklärung machen, müssen Sie die Belege sortieren. Außer den Quittungen und Rechnungen sollten Sie noch folgende Unterlagen zur Hand haben, bevor Sie loslegen, je nachdem welche Einkünfte Sie haben:

- Ihre letzten beiden Steuerbescheide
- Ihre Kontoauszüge
- Ihren Rentenbescheid
- Ihre Bescheide über Zusatzrenten
- Bescheinigungen der Banken über Ihre Zins- und andere Kapitaleinkünfte
- Abrechnungen Ihrer Mieteinkünfte

Wenn Sie Ihre Belege sortieren, haben Sie vier verschiedene Möglichkeiten, Ihre Kosten zuzuordnen. Im deutschen Steuerrecht gibt es außergewöhnliche Belastungen, Sonderausgaben, haushaltsnahe Dienstleistungen und Werbungskosten. *Außergewöhnliche Belastungen* sind Privatangelegenheiten, die in einem bestimmten Rahmen steuerlich geltend gemacht werden können, weil sie eben außergewöhnlich sind. Dabei handelt es sich häufig um größere Ausgaben für die Gesundheit und Pflege oder wegen einer Behinderung, das können aber auch Kosten einer Bestattung oder der Reparatur von Unwetterschäden sein. Die außergewöhnlichen Belastungen sind die Kostenart, die für die meisten Senioren am häufigsten infrage kommt. Deswegen werden sie hier zuerst behandelt. *Sonderausgaben* sind ebenfalls private Aufwendungen, die der Staat in begrenztem Umfang steuerlich anerkennt. Die Beiträge zu Versicherungen sind hier der größte Posten. Außerdem haben

Sie auch die Möglichkeit, Ausgaben für sogenannte *haushaltsnahe Dienstleistungen* direkt von Ihrer Steuerschuld abzuziehen. Das kommt infrage, wenn Sie beispielsweise eine Reinigungshilfe beschäftigen. Unter *Werbungskosten* versteht man die Ausgaben, die der Sicherung des Einkommens dienen. Das sind in einem Unternehmen die Betriebsausgaben und bei einem Beschäftigten die Ausgaben, die er hat, um seinen Beruf auszuüben. Werbungskosten stehen also unmittelbar im Zusammenhang mit der Erzielung von Einkommen. Rentner und Pensionäre haben wenige solcher Ausgaben, denn sie müssen kaum Aufwand betreiben, um ihr Einkommen zu erzielen. Deswegen werden die Werbungskosten in diesem Kapitel erst am Schluss behandelt.

Außergewöhnliche Belastungen

Wenn Sie als Rentner oder Pensionär Ihre Steuerbelastung senken wollen, indem Sie Kosten geltend machen, können Sie in der Regel am meisten tun, wenn Sie bei den außergewöhnlichen Belastungen nach § 33 EStG ansetzen. Hier geht es in erster Linie um Ausgaben für die Gesundheit und die Pflege. Sammeln Sie also Quittungen und Belege, wenn Sie beim Arzt, in der Apotheke oder in der Klinik zuzahlen oder bestimmte Medikamente oder Therapien ganz zahlen.

Als außergewöhnliche Belastung gelten aber auch Ausgaben wegen einer Behinderung, genauso wie Kosten, die Sie in Folge eines Unfalls oder eines Unwetters hatten. Es geht also um alles Mögliche. Gemeinsam ist den außergewöhnlichen Belastungen, dass Sie aus sittlichen, gesetzlichen oder tatsächlichen Gründen, wie es im Einkommensteuergesetz heißt, zu diesen Ausgaben gezwungen sind und dass die Aufwendungen durch außergewöhnliche Umstände verursacht sind und oberhalb des Üblichen liegen. Was das im Einzelnen heißt, ist weitgehend durch Verordnungen und die Rechtsprechung geregelt, trotzdem kommt es immer wieder zu Streitfällen. Steuerzahler und Finanzamt streiten sich nicht selten vor dem Finanzgericht über die Anerkennung bestimmter Kosten als außergewöhnliche Belastung.

Sie werden gleich merken, dass der Rahmen recht weit gesteckt ist. Deswegen sollten Sie im Zweifelsfall einfach versuchen, Ihre speziellen Kosten geltend zu machen. Mehr als ablehnen, kann das Finanzamt nicht. Wichtig ist, dass die jeweilige außergewöhnliche Belastung notwendig war. Das ergibt sich im medizinischen Bereich meistens durch die Verordnung eines Mediziners. Schreibt der Arzt Ihnen ein Rezept, kann das Finanzamt kaum etwas einwenden. Gegebenenfalls muss Ihnen das Versorgungs- beziehungsweise Integrationsamt die Notwendigkeit einer Aufwendung bestätigen.

Dabei können Sie natürlich nur den Teil der Aufwendungen steuerlich als außergewöhnliche Belastung geltend machen, den Sie auch selbst bezahlt haben. Alles, was die Krankenkasse, die Zusatzversicherung oder andere Stellen übernommen haben, muss herausgerechnet werden. So müssen Sie es auch in den Steuerformularen eintragen. Die außergewöhnlichen Belastungen werden in einem eigenen Abschnitt im sogenannten Mantelbogen vermerkt, also in dem Teil, in dem auch Ihre persönlichen Daten, wie Name und Adresse angegeben werden. Hier tragen Sie die Gesamtkosten einer Aufwendung ein und den Teil, den Sie möglicherweise erstattet bekommen haben. Da in den Formularen für diese Angaben nicht allzu viel Platz gelassen wird, müssen Sie Ihre außergewöhnlichen Ausgaben gegebenenfalls auf einem Extrablatt auflisten und im Formular auf dieses verweisen. Für die außergewöhnlichen Belastungen gibt es anders als für die Werbungskosten und die Sonderausgaben keinen Pauschbetrag. Bei der Berechnung der Einkommensteuer kommen die außergewöhnlichen Belastungen erst fast zum Schluss zum Zuge. Erst wenn alle Einkünfte festgestellt worden sind, also alle Werbungskosten abgezogen wurden und auch der Altersentlastungsbetrag in Ansatz gebracht wurde, werden die außergewöhnlichen Belastungen vom Gesamtbetrag der Einkünfte abgezogen.

Eine wichtige Einschränkung müssen Sie beachten. Als außergewöhnliche Belastung gelten, bis auf wenige Ausnahmen, nur Ausgaben, die über der sogenannten zumutbaren Belastung liegen. Das heißt, das Einkommensteuergesetz gibt vor, wie viel vom eigenen Einkommen erst einmal als zumutbare Belastung akzeptiert werden muss, ohne dass die Ausgaben steuerlich geltend gemacht werden können. Die zumutbare Belastung liegt je nach Familienstand und Einkommen zwischen 1 und 7 Prozent des Gesamtbetrags der Einkünfte. Bei Rentnern sind es meist 4 bis 6 Prozent. Erst wenn Sie den jeweiligen Prozentsatz bereits selbst gezahlt haben, werden die Ausgaben, die diesen Betrag übersteigen, als außergewöhnliche Belastung vom Finanzamt anerkannt.

Wegen der zumutbaren Belastung kann es sich lohnen, möglichst viele oder hohe außergewöhnliche Belastungen in ein Kalenderjahr zu legen, um sie steuerlich wirklich geltend machen zu können. Das ist besser, als die Ausgaben zu verteilen und dann jedes Jahr knapp an der Grenze der zumutbaren Belastung zu scheitern. Höhere Aufwendungen bringen beispielsweise aufwändiger Zahnersatz mit sich oder teure Brillen. Wichtig ist, dass die Rechnungen aus demselben Kalenderjahr stammen.

WISO rät

Bündeln Sie die außergewöhnlichen Belastungen in einem einzelnen Jahr, damit Sie über die Grenze der zumutbaren Belastung kommen.

Neben den sogenannten allgemeinen außergewöhnlichen Belastungen können Sie darüber hinaus noch sogenannte besondere außergewöhnliche Belastungen geltend machen. Das betrifft beispielsweise Unterhaltszahlungen und Kosten der Ausbildung der Kinder. Auf besondere außergewöhnliche Belastungen wird keine zumutbare Belastung angerechnet. Für bestimmte außergewöhnliche Belastungen gelten Pauschalbeträge, die jährlich von der Steuer abgesetzt werden können. Das sind Aufwendungen wegen Behinderung oder von Hinterbliebenen.

Ausgaben für die Gesundheit

Ein wesentlicher Teil der außergewöhnlichen Belastungen spielt sich, wie gesagt, im Bereich der Gesundheit ab. Das beginnt mit einfachen Medikamenten, die Sie selbst bezahlen, und geht weiter mit der Praxisgebühr und Zuzahlungen für verschreibungspflichtige Arzneimittel und bei einem Klinikaufenthalt und reicht bis zu einer großen Bandbreite von Heil- und Hilfsmitteln, die Sie ganz oder teilweise bezahlen müssen.

Strittig sind häufig Aufwendungen für alternative Medizin oder Ausgaben, die im Ruf stehen, eher dem Wohlbefinden zu dienen als der Gesundheit. Deswegen werden Sie Schwierigkeiten haben, ein Wellness-Wochenende abzusetzen oder Schönheitsoperationen. Auf der einen Seite geht es also sehr kleinteilig zu, wenn Sie die Belege für Fiebermittel, Hustentee und Erkältungssalbe sammeln. Auf der anderen Seite kann es aber auch um große Beträge gehen, wenn Therapien beispielsweise, die der Arzt für notwendig erachtet, nicht oder nur teilweise von der Kasse übernommen werden und Sie selbst zahlen müssen. Hier eine Liste der wichtigsten Aufwendungen, die als außergewöhnliche Belastung im Gesundheitsbereich relevant sind, insofern sie von Ihnen ganz oder teilweise bezahlt werden:

- Alkoholsucht-Therapie
- Ärztliche Behandlungen
- Asbestsanierung (gilt auch für Dioxin, Formaldehyd und Ähnliches)
- Augen-Laseroperation
- Behandlungen im Ausland
- behindertengerechte Umbaumaßnahmen
- Blinden-Computer
- Brillen
- Dialyse, Heim-Dialyse
- Ein-Bett-Zimmer
- Gehhilfen
- Heilpraktiker-Behandlungen
- Hörgeräte
- Krankengymnastik
- Massagen

- Medikamente
- spezielle Möbel (rückenschonende Betten, Entspannungssessel und Ähnliches)
- orthopädische Schuhe, Einlagen
- Praxisgebühr
- Prothesen
- Rollstühle
- Schutzimpfungen
- Stützstrümpfe und andere Hilfsmittel
- Verbandsmaterial und andere Heilmittel
- Unfall-Behandlungen
- zahnärztliche Behandlungen
- Zahnersatz
- Zuzahlung in Kliniken
- Zuzahlung zu Medikamenten

Die Kosten der Fahrten zum Arzt, zu Kuren und Pflegeaufwendungen werden in den Abschnitten unten ausführlich dargestellt. Manche der genannten Positionen sind an Bedingungen geknüpft. Wenn Sie beispielsweise Ihr Haus behindertengerecht umbauen, werden nur die Aufwendungen steuerlich anerkannt, die im Zusammenhang mit Ihrer Behinderung stehen. Richten Sie sich bei dieser Gelegenheit beispielsweise einen Wintergarten ein, müssen diese Ausgaben herausgerechnet werden. Immer dann, wenn neben dem gesundheitlichen Aspekt noch ein weiterer Nutzen bleibt, macht das Finanzamt Schwierigkeiten. Deswegen werden Sie beispielsweise Probleme haben, Ausgaben für Allergiker-Bettwäsche geltend zu machen. Denn Sie haben neben dem Milbenschutz auch den Nutzen, dass Sie darin schlafen. Ähnliches gilt für die Kosten von Diät-Lebensmitteln. Die werden nur selten anerkannt, weil Sie sowieso essen müssen. Nur aufwändige, medizinisch begründete Diäten können als außergewöhnliche Belastung geltend gemacht werden. Wichtig ist, dass Sie sich zuerst das Attest vom Arzt holen und erst dann Geld für die jeweilige Aufwendung ausgeben. Wenn der Arzt Ihnen im Nachhinein kein Rezept ausstellt, können Sie die Kosten nicht steuerlich geltend machen.

WISO rät

Denken Sie daran, bevor Sie Geld für Ihre Gesundheit ausgeben, sich erst eine ärztliche Verordnung geben zu lassen.

Nur kleinere alltägliche Aufwendungen etwa für Erkältungsarzneimittel oder ein Fieberthermometer können Sie einfach so kaufen. Wenn diese Kosten im üblichen Rahmen bleiben, wird sie kaum ein Finanzamt nicht anerkennen. Bei größeren Aufwendungen dagegen kann ein ärztliches Attest alleine nicht ausreichen. Bevor Sie beispielsweise Ihr Haus von Asbest befreien lassen, sollten Sie sich von einem Gutachter schriftlich bestätigen lassen, in welchem Maße das Ihrer Gesundheit förderlich ist.

Im Bereich der Alternativmedizin werden Sie oft mit dem Finanzamt verhandeln müssen, um die medizinische Notwendigkeit wirklich belegen zu können. Die Schwierigkeit liegt hier vor allem darin, dass die Krankenkassen ja eigentlich von sich behaupten, alles medizinisch Notwendige zu bezahlen. Erstatten sie bestimmte Kosten nicht, spricht das erst einmal gegen die medizinische Notwendigkeit. Nun gibt es aber etliche Behandlungsmethoden, wie etwa die Akupunktur, die nur selten von den gesetzlichen Krankenkassen bezahlt werden, die aber trotzdem viele Heilungserfolge bringen. Sie sollten also hartnäckig bleiben. Je etablierter die Behandlungsmethode ist, desto besser sind die Chancen, dass das Finanzamt Ihre Kosten als außergewöhnliche Belastungen anerkennt. Je exotischer die Methoden sind, desto geringer sind die Aussichten. Wenn Sie für Haarersatz oder Fettabsaugungen Geld ausgeben, ist es noch mal schwerer, das Finanzamt an diesen Kosten zu beteiligen. In solchen Fällen müssen Sie schon sehr gründlich argumentieren, wie es durch die Behandlung zu einer Gesundung kommt. Diese dürfte dann eher im psychischen Bereich liegen.

Kuren

Unter bestimmten Bedingungen können Sie auch Ihre Aufwendungen für eine Kur als außergewöhnliche Belastung von der Steuer absetzen. Dafür muss die Kur medizinisch notwendig sein. Das muss entweder ein Arzt oder die Krankenkasse bestätigen. Das heißt letztlich, dass Sie aktuell gesundheitliche Probleme haben müssen, die durch die Kur gelindert werden. Vorsorgekuren werden steuerlich nur anerkannt, wenn die akute Gefahr einer Krankheit besteht. Wenn das Finanzamt die Notwendigkeit der Kur einsieht, können Sie verschiedene Kostenpositionen geltend machen. Dazu gehören die Ausgaben für Unterkunft und Verpflegung. Von diesen Ausgaben zieht das Finanzamt allerdings ein Fünftel ab, weil Sie entsprechende Aufwendungen zu Hause sparen. Auch Ihre Ausgaben für ärztliche Behandlungen, Hilfsmittel und die Kurtaxe können Sie absetzen, immer vorausgesetzt, Sie zahlen selbst. Alles was die Krankenkasse, die gesetzliche Renten- oder Unfallversicherung oder andere Stellen zahlen, müssen Sie angeben, sodass es verrechnet werden kann.

Pflegekosten

Auch die Kosten der Pflege lassen sich steuerlich als außergewöhnliche Belastung geltend machen. Sobald Sie oder Ihr Ehepartner einer der drei Pflegestufen zugeordnet wird, oder aber erhebliche Einschränkungen der Alltagskompetenz durch Demenz oder geistige oder seelische Erkrankung vorliegen, können Sie Pflegekosten von der Steuer absetzen. Sie können auch Aufwendungen für eine andere Person, die Ihnen nahesteht, absetzen, solange Sie diese Kosten tragen. Dabei spielt es keine Rolle, ob die Pflege zu Hause oder in einem Heim stattfindet. Die Pflegestufe oder die Einschränkung muss von der Pflegeversicherung bestätigt werden. Sie müssen sich diese Einstufungen also bescheinigen lassen und das entsprechende Schreiben dem Finanzamt vorlegen. In besonders schweren Fällen reicht auch die Vorlage eines Schwerbehindertenausweises mit dem Merkzeichen Bl für blind oder H für hilflos.

Wurde weder eine Pflegestufe zugeordnet noch eine erhebliche Einschränkung der Alltagskompetenz festgestellt, gibt es trotzdem Möglichkeiten, Pflegekosten steuerlich geltend zu machen. Zum einen können Sie die Aufwendungen für einen gesetzlich anerkannten Pflegedienst von der Steuer absetzen. Dazu muss der Dienst die Pflegekosten gesondert in seiner Rechnung ausweisen. Zum anderen haben Sie die Möglichkeit, pflegebedingte Heimkosten steuerlich geltend zu machen. Dazu müssen wiederum die Pflegekosten separat von den anderen Ausgaben, etwa für Unterkunft und Verpflegung, ausgewiesen werden.

Die Möglichkeiten, Pflegekosten als außergewöhnliche Belastung von der Steuer abzusetzen, wie sie oben geschildert sind, gehen vor allem auf die Einkommensteuerrichtlinien

2008 zurück und auf die Rechtsprechung des Bundesfinanzhofs, insbesondere auf das Urteil vom 10. Mai 2007 (Az. III R 39/05). Die Rechtsprechung und die Richtlinie hat die Absetzbarkeit von Pflegekosten deutlich erweitert. An einer Stelle allerdings kommt es zu Einschränkungen. Seit 2008 kann man nicht mehr gleichzeitig einen Behindertenpauschbetrag in Anspruch nehmen und Pflegekosten geltend machen. Man muss sich jetzt also entscheiden: Entweder den Pauschbetrag oder die Pflegekosten geltend machen.

Achtung!
Pflegekosten lassen sich nicht mehr absetzen, wenn ein Behindertenpauschbetrag in Anspruch genommen wird.

Wenn Sie oder Ihr Ehepartner in eine Altenwohnanlage oder ein Altersheim umziehen, können Sie die Aufwendungen hierfür nicht steuerlich geltend machen. Erst wenn Sie im Altersheim kranken- oder pflegebedingte Ausgaben haben, können Sie diese von der Steuer absetzen.

Wechselfälle des Lebens

Wenn Sie sich scheiden lassen, wenn ein naher Verwandter stirbt, wenn ein Sturm Ihr Haus abdeckt oder wenn Sie Opfer von Kriminellen werden, sind das alles Schicksalsschläge. Abgesehen von der seelischen Belastung, verursachen solche Wechselfälle des Lebens auch finanzielle Kosten. Es mag in einer solchen Situation nur ein schwacher Trost sein, aber diese Ausgaben lassen sich als außergewöhnliche Belastung von der Steuer absetzen.

Wenn Ihre Ehe in die Brüche geht, müssen Sie Anwälte und das Gericht bezahlen. Diese Ausgaben zählen zu den außergewöhnlichen Belastungen. Damit werden Scheidungsprozesse unter den Zivilgerichtsverfahren als Ausnahme behandelt. Normalerweise können Sie Kosten eines Verfahrens vor einem Zivilgericht nämlich nicht steuerlich geltend machen. Neben den Aufwendungen von Scheidungsprozessen können nur noch Kosten von aufwändigen Unterhaltsverfahren und von Schadenersatzprozessen von der Steuer abgesetzt werden. Ansonsten sind nur solche Zivilverfahren steuerlich relevant, in denen es wirklich um die Existenz des Steuerzahlers geht. Kosten von Strafverfahren und Prozessen wegen Beleidigung sind dagegen immer absetzbar.

Wenn Sie eine Bestattung bezahlen müssen, können Sie diese Ausgaben steuerlich geltend machen. Wenn Sie allerdings vom Nachlass des Verstorbenen profitieren, erkennt das Finanzamt nur die Kosten an, die über das Erbe hinausgehen, das Ihnen zufließt. Auf diese Art und Weise können Sie die Kosten für den Sarg, die Kränze, die Traueranzeige, die Grabstätte, den Grabstein und die Friedhofsgebühren von der Steuer absetzen. Die Höhe der Ausgaben muss allerdings angemessen sein. Die Berliner Finanzbehörden haben beispielsweise 2003 die Grenze bei 7 500 Euro gezogen.

Wenn ein Vormund oder ein Betreuer bestellt wird, weil Sie oder Ihr Ehepartner sich nicht mehr allein zurechtfinden, werden ebenfalls Kosten fällig. Diese Ausgaben können Sie als außergewöhnliche Belastung steuerlich geltend machen.

Wenn ein Unwetter Ihr Haus verwüstet, sei es durch Sturm oder Hochwasser, können Sie die Ihnen daraus entstehenden

Kosten steuerlich als außergewöhnliche Belastung absetzen. Dasselbe gilt auch für den Fall eines Brandes oder eines Rohrwasserschadens. Steuerlich relevant sind allerdings nur die Ausgaben, die nicht von einer Gebäude- oder Hausratversicherung abgedeckt sind. Aber auch ohne Versicherung werden nicht alle Ihre Kosten steuerlich anerkannt. Denn wer keine Versicherungen für sein Haus und seinen Hausrat abschließt, sorgt zu wenig vor. Haben Sie keine Versicherung, wird das Finanzamt den abzusetzenden Betrag nach einem Urteil des Bundesfinanzhofs vom 26. Juni 2003 beschränken (Az. III R 36/0130).

Wenn Sie Opfer eines Einbruchs oder anderer Kriminalität geworden sind, können Sie Ihre Kosten steuerlich als außergewöhnliche Belastung geltend machen. Das Finanzamt wird aber prüfen, inwieweit die Wiederbeschaffungswerte, die Sie angeben, angemessen sind.

Fahrtkosten

Wir leben in einer sehr mobilen Gesellschaft und entsprechend geben wir viel Geld für die Bewegung von A nach B aus. Das wirkt sich auch steuerlich aus. Deswegen sind alle Fahrten, die Sie wegen einer der oben genannten außergewöhnlichen Belastungen unternehmen, Teil dieser Aufwendungen und von daher steuerlich entsprechend zu berücksichtigen. Wenn Sie also beispielsweise zur Krankengymnastik fahren, gehören Ihre Fahrtkosten zu den außergewöhnlichen Belastungen. Sie können die tatsächlichen Kosten absetzen oder 0,30 Euro pro gefahrenen Kilometer. Dasselbe gilt für alle unumgänglichen Fahrten zum Arzt, in eine Klinik oder zu einer Therapie. Ist statt der Fahrt mit dem eigenen Auto allerdings die Nutzung einer Bus- oder Zugverbindung zumutbar, erkennt das Finanzamt nur deren Kosten an.

Ähnliches gilt für alle anderen außergewöhnlichen Belastungen. Die Kosten für die Fahrt zum Scheidungsanwalt lassen sich genauso in Ansatz bringen wie die zu einer Beerdigung, die Sie bezahlen, oder die Fahrt zu Ihrer Kur. Sie können sogar die Fahrtkosten einer Begleitperson ansetzen, wenn Sie belegen können, dass Sie aus medizinischen beziehungsweise psychischen Gründen nicht alleine unterwegs sein können. Entsprechend können Sie auch die Kosten für Besuchsfahrten steuerlich geltend machen, wenn der Besuch die Heilung unterstützt, was wiederum vom Arzt oder der Klinik bescheinigt werden muss. Diese Kosten können Aufwendungen für Übernachtungen mit einschließen. Passiert auf solchen Fahrten ein Unfall, zählen die Reparaturkosten ebenfalls zu den außergewöhnlichen Belastungen. Behinderte Menschen können, je nach Behinderungsgrad, ohne Nachweis Fahrtkosten geltend machen oder sogar sämtliche Kfz-Kosten ansetzen.

Zumutbare Belastung

Die meisten außergewöhnlichen Belastungen werden durch die sogenannte zumutbare Belastung begrenzt. Das heißt, bis zu einem bestimmten Niveau sind außergewöhnliche Belastungen im Steuerrecht eben doch nicht so außergewöhnlich, sondern einfach hinzunehmen. Erst oberhalb der zumutbaren Belastung werden außergewöhnliche Belastungen wirklich relevant. Die zumutbare Belastung ist sozusagen der Eigenanteil an den außergewöhnlichen Belastungen. Ihre Höhe wird in einem Prozentwert des Gesamtbetrags der Einkünfte ausgedrückt und richtet sich nach dem Familienstand und der Höhe des Einkommens. In einer Tabelle in § 33 Abs. 3 EStG sind die einzelnen Werte festgelegt.

Zumutbare Belastung

Einkommen:	bis 15 340 Euro	15 340 – 51 130 Euro	über 51 130 Euro
Ledige	5 %	6 %	7 %
Verheiratete	4 %	5 %	6 %
mit 1 bis 2 Kindern	2 %	3 %	4 %
mit 3 oder mehr Kindern	1 %	1 %	2 %

Der Gesamtbetrag der Einkünfte ist ein Zwischenschritt bei der Berechnung des zu versteuernden Einkommens. Das heißt, der Gesamtbetrag der Einkünfte liegt etwas höher, weil hier noch nicht die Sonderausgaben und die außergewöhnlichen Belastungen abgezogen sind. Das Finanzamt berechnet Ihren Gesamtbetrag der Einkünfte und daraus Ihre zumutbare Belastung und zieht diese dann von Ihren außergewöhnlichen Belastungen ab. Das heißt, Sie müssen Ihre außergewöhnlichen Belastungen komplett angeben. Das Verrechnen übernimmt das Amt. Wenn man nicht regelmäßig hohe außergewöhnliche Belastungen geltend machen kann, lohnt es sich, wie oben schon ausgeführt, entsprechende Ausgaben auf ein Kalenderjahr zu konzentrieren, damit man zumindest in diesem Jahr über die Grenze der zumutbaren Belastung kommt, sodass man tatsächlich Kosten geltend machen kann.

Außergewöhnliche Belastungen in besonderen Fällen

Neben den oben beschriebenen außergewöhnlichen Belastungen, auf die Sie sich die zumutbare Belastung anrechnen lassen müssen, gibt es noch außergewöhnliche Belastungen in besonderen Fällen nach § 33a EStG. Das sind vor allem Unterhaltszahlungen an den Ex-Ehepartner oder an ein Kind. Solche Zahlungen können Sie in einer Höhe von bis zu 8 004 Euro pro Jahr als außergewöhnliche Belastung geltend machen. Voraussetzung ist, dass der Empfänger der Zahlung einen Unterhaltsanspruch gegenüber Ihnen hat und dass er bedürftig ist. Die Bedürftigkeit ist gegeben, wenn der Unterhaltsempfänger nicht mehr als 624 Euro Einkommen im Jahr hat und nicht mehr als 15 500 Euro Vermögen. Hat der Empfänger höhere Einkünfte, werden diese mit den 8 004 Euro verrechnet, sodass Sie weniger von der Steuer absetzen können. Die Aufwendungen des Unterhaltsempfängers für seine Kranken- und Pflegeversicherung können aber von seinem Einkommen abgezogen werden, sodass die Grenze von 8 004 Euro eher eingehalten werden kann.

Bei Zahlungen an Kinder darf nicht gleichzeitig Kindergeld und die steuerlichen Kinderfreibeträge in Anspruch genommen werden. Beim Unterhalt an den Ex-Ehepartner besteht die Alternative, die Zahlungen als Sonderausgaben geltend zu machen. Dadurch können Sie höhere Beträge absetzen. Dazu muss der Unterhaltsempfänger die Zahlungen allerdings seinerseits versteuern (siehe Abschnitt *Sonderausgaben*).

Wenn sich Ihre Kinder noch in der Ausbildung befinden und zu diesem Zweck auswärtig wohnen, können Sie gegebenenfalls den Ausbildungsfreibetrag geltend machen. Er beträgt 924 Euro pro Jahr. Dazu muss das Kind volljährig sein und sollte nicht mehr als 1 848 Euro im Jahr an eigenem Einkommen haben. Beträge darüber hinaus werden mit Ihrem Freibetrag verrechnet. Außerdem müssen Sie für das Kind Anspruch auf Kindergeld und auf die Kinderfreibeträge haben.

Behindertenpauschbetrag

Menschen mit Behinderung steht nach § 33b EStG der sogenannte Behindertenpauschbetrag zu. Er richtet sich nach dem Grad der Behinderung. Die einzelnen Stufen sind in einer Tabelle im Einkommensteuergesetz festgelegt.

Behindertenpauschbeträge

Grad der Behinderung in Prozent	Behindertenpauschbetrag in Euro pro Jahr
25 + 30	310
35 + 40	430
45 + 50	570
55 + 60	720
65 + 70	890
75 + 80	1 060
85 + 90	1 230
95 + 100	1 430
hilflos oder blind	3 700

Sie können wählen, ob Sie die Aufwendungen wegen Ihrer Behinderung lieber einzeln als außergewöhnliche Belastung steuerlich absetzen und entsprechend belegen oder ob Sie den

Behindertenpauschbetrag nutzen. Das ist eine Rechenaufgabe. Der Pauschbetrag ist natürlich bequemer, mit der Einzelabrechnung können Sie möglicherweise mehr Steuern sparen. Bei dem Vergleich sollten Sie auch prüfen, welche Ausgaben Sie parallel zum Pauschbetrag noch absetzen können. Dazu fragen Sie am besten bei Ihrem Finanzamt nach oder lassen sich bei einem Lohnsteuerhilfeverein beraten. Bei der Einzelabrechnung müssen Sie sich wiederum die zumutbare Belastung anrechnen lassen.

Um den Behindertenpauschbetrag in Anspruch zu nehmen, reicht die Einstufung in eine der oben genannten Stufen. Sie wird in der Regel vom Versorgungs- oder Integrationsamt vorgenommen. Wenn der Grad der Behinderung weniger als 50 Prozent beträgt und auch nicht Pflegestufe III erreicht wird, muss für die Gewährung des Behindertenpauschbetrags eine dauerhafte Beeinträchtigung der körperlichen Beweglichkeit vorliegen. Stattdessen reicht aber auch ein Anspruch auf eine gesetzliche Rente wegen der Behinderung oder eine Berufskrankheit als Grund der Behinderung.

Hinterbliebenenpauschbetrag

Wer Hinterbliebenenbezüge nach dem Bundesversorgungsgesetz, der gesetzlichen Unfallversicherung, wegen eines Dienstunfalls oder nach dem Bundesentschädigungsgesetz erhält, kann nach 33b Absatz 4 EStG den sogenannten Hinterbliebenenpauschbetrag in Höhe von 370 Euro im Jahr in Anspruch nehmen. Dieser Pauschbetrag muss gesondert beantragt werden.

Sonderausgaben

Neben den außergewöhnlichen Belastungen sind die Sonderausgaben die wichtigste Position für Senioren, wenn es darum geht, Kosten steuerlich geltend zu machen. Sonderausgaben sind private Aufwendungen, die der Staat trotzdem steuerlich anerkennt. Dabei begrenzt er allerdings oft den Betrag, der höchstens abgesetzt werden darf. Außerdem können Sie Sonderausgaben immer nur im selben Jahr geltend machen, in dem sie angefallen sind. Sonderausgaben werden bei der Berechnung der Einkommensteuer an derselben Stelle wie außergewöhnliche Belastungen abgezogen, also fast am Ende der Prozedur. In den Steuerformularen werden die verschiedenen Sonderausgaben im Mantelbogen eingetragen. Hier hat man den Sonderausgaben eine ganze Seite reserviert.

Wenn Sie sich gefragt haben, wofür der Sonderausgabenpauschbetrag steht, hier die Antwort: Er beträgt ja nur 36 Euro im Jahr und ersetzt pauschal ohne Nachweis Sonderausgaben für die Kinderbetreuung, für Unterhaltszahlungen, für die eigene Berufsausbildung, für private Schulen und die Kirchensteuer. Wenn Sie für eine oder mehrere dieser Positionen höhere Kosten nachweisen und geltend machen, entfällt der Sonderausgabenpauschbetrag.

Bei den Sonderausgaben geht es aber vor allem um Versicherungsbeiträge. Die Beiträge zur Krankenkasse und zur Pflegeversicherung sind in vielen Rentnerhaushalten die größten Ausgabeposten. Neben den Versicherungsbeiträgen gelten auch Spenden steuerlich als Sonderausgaben, genauso wie Unterhaltszahlungen an den Ex-Ehepartner, die nach dem Prinzip des Realsplittings berechnet werden. Auch die Ausgaben für die Kinderbetreuung, die Berufsausbildung und die

Kosten privater Schulen gelten als Sonderausgaben. Diese drei Positionen sind für die Steuererklärung von Senioren allerdings nur selten relevant. Dasselbe gilt für Beiträge zur Altersvorsorge und zur Arbeitslosenversicherung. Die lassen sich auch in einem bestimmten Umfang von der Steuer absetzen (siehe Kapitel *Entlastung der Beitragszahler*). Das ist aber für Senioren, die sich bereits im Ruhestand befinden, nicht von Belang.

Wenn Sie zu der kleinen Gruppe gehören, die schutzwürdige Kulturgüter besitzt, können Sie Ihre Erhaltungs- und Herstellungsaufwendungen als Sonderausgaben steuerlich geltend machen. Dazu dürfen Sie das Kulturgut allerdings weder bewohnen noch sonst wie Einkünfte mit ihm erzielen. Wenn Ihnen die Denkmalschutzbehörde die Schutzwürdigkeit Ihres Objekts bescheinigt, können Sie zehn Jahre lang jeweils 9 Prozent Ihrer Kosten von der Steuer absetzen. Wirklich wichtig und relevant aber sind, wie gesagt, die Versicherungsbeiträge, die Spenden und die Unterhaltszahlungen. Die Beiträge werden steuerrechtlich als Vorsorgeaufwendungen bezeichnet.

Vorsorgeaufwendungen

Sie dürfen den größten Teil Ihrer Versicherungsbeiträge von der Steuer absetzen. Das betrifft die Beiträge zu Ihrer Kranken- und Pflegeversicherung, aber auch die zu Ihrer privaten Haftpflichtversicherung, Ihrer Unfallversicherung und Ihrer Risikolebensversicherung. Auch Beiträge zu einer privaten Erwerbs- oder Berufsunfähigkeitsversicherung lassen sich geltend machen, wenn Sie denn noch solche Versicherungsverträge haben. Kapitalbildende Versicherungsverträge (Kapitallebens- und Rentenversicherungen), die vor 2005 abgeschlossen wurden, werden ebenfalls berücksichtigt. Außen vor bleiben dagegen alle Sachversicherungen, wie die Hausrat- oder die Gebäudeversicherung, und auch die Rechtsschutzversicherung. Beiträge zu diesen Versicherungen gelten nicht als Vorsorgeaufwendung und werden deswegen steuerlich nicht berücksichtigt.

Beiträge zur Kranken- und Pflegeversicherung

Ihre Beiträge zur gesetzlichen Kranken- und Pflegeversicherung können Sie nach § 10 EStG Absatz 1 Nummer 3 vollständig von der Steuer absetzen. Hier gibt es keine Beschränkung mehr durch einen Höchstbetrag. Auch mögliche Zusatzbeiträge, die Ihre Krankenkasse verlangt, weil sie mit dem allgemeinen Beitragssatz nicht auskommt, können steuerlich geltend gemacht werden. Wenn Sie allerdings zusätzliche Leistungen über das Niveau der gesetzlichen Krankenversicherung hinaus versichert haben, wie etwa Chefarztbehandlung oder Einzelbettunterbringung, dann können Sie die Beiträge hierfür nicht steuerlich absetzen.

Wenn Sie privat krankenversichert sind, müssen Sie genauer hinschauen. Sie dürfen Ihre Beiträge zur Kranken- und Pflegeversicherung ebenfalls von der Steuer absetzen, allerdings nur in dem Maße, in dem sich Ihre Versicherung auf dem Niveau der gesetzlichen Krankenkassen bewegt. Haben Sie darüber hinausgehende Leistungen versichert, müssen Sie diese Höherversicherung herausrechnen. Der Beitragsteil, der für diese Leistungen gezahlt wird, kann nicht steuerlich geltend gemacht werden.

Bei der steuerlichen Betrachtung der Krankenversicherungsbeiträge wird der Beitragsteil, der das Krankengeld finanziert, herausgerechnet. Dazu werden pauschal 4 Prozent des Beitrags abgezogen, die steuerlich außen vor bleiben. Das gilt aber nur für diejenigen Versicherten, die tatsächlich Anspruch auf Krankengeld haben, also für Arbeitnehmer. Bei Rentnern werden die 4 Prozent nicht abgezogen, sodass die gesetzlichen Krankenversicherungsbeiträge wirklich vollständig von der Steuer abgesetzt werden.

WISO rät

Achten Sie als Rentner darauf, dass Ihre Krankenversicherungsbeiträge vollständig berücksichtigt werden.

Die steuerliche Behandlung der Vorsorgeaufwendungen wurde 2005 und 2010 geändert. Wenn Sie nach dem alten Recht, das bis 2004 beziehungsweise bis 2009 in Kraft war, besser fahren, gilt es für Sie weiterhin. Das Finanzamt nimmt eine sogenannte Günstigerprüfung vor und kontrolliert, ob ein Steuerzahler nach einem alten Recht besser gestellt wird. Ist dies der Fall, wird das jeweilige alte Recht angewandt. Diesen Service bieten die Finanzämter noch bis 2019, wobei ab 2011 die Vorteile des alten Rechts stufenweise reduziert werden. In der Beispielrechnung für ein Ehepaar, bei dem ein Partner erwerbstätig ist, im Abschnitt *Lohn und Gehalt des Ehepartners*, greift beispielsweise die Günstigerprüfung.

Wenn Sie allerdings noch Steuern für die Jahre vor 2010 zu zahlen haben, müssen Sie, was die Vorsorgeaufwendungen angeht, die damaligen Regeln beachten. In der Zeit von 2005 bis 2009 waren die sonstigen Vorsorgeaufwendungen auf 1 500 Euro pro Person begrenzt. Wer seine Sozialversicherungsbeiträge vollständig selbst zahlte, also auch den sogenannten Arbeitgeberanteil, hatte einen Spielraum von 2 400 Euro. Das heißt, es konnten etwas weniger Versicherungsbeiträge abgesetzt werden als nach neuem Recht.

Andere Vorsorgeaufwendungen

Vom Grundsatz her können Sie neben Ihren Beiträgen zur Krankenkasse und zur Pflegeversicherungen die Beiträge zu anderen Personenversicherungen (Unfall, Haftpflicht, Invalidität, Risikoleben) steuerlich geltend machen. Die Beiträge zu diesen Versicherungen zählen aber zusammen mit den Prämien für die Kranken- und Pflegeversicherung zu den sogenannten sonstigen Vorsorgeaufwendungen, und die sind gedeckelt. Sie können pro Jahr nur 1 900 Euro sonstige Vorsorgeaufwendungen steuerlich absetzen. Wenn Sie Ihre Krankenversicherungsbeiträge alleine zahlen, können Sie 2 800 Euro geltend machen. Für Ehepaare gilt jeweils der doppelte Betrag.

In der Praxis wird folgendermaßen verfahren: Zuerst setzen Sie Ihre gesamten Beiträge zur Kranken- und zur Pflegeversicherung auf dem Niveau der gesetzlichen Kassen ab, egal wie viel. Liegen diese Beiträge unter 1 900 oder 2 800 Euro pro Jahr, können Sie den verbliebenen Rest nutzen, um noch andere Versicherungsbeiträge abzusetzen. Fallen Ihre Kranken- und Pflegeversicherungsbeiträge dagegen höher aus, können Sie keine weiteren Versicherungsbeiträge steuerlich geltend machen. In diesem Fall haben Sie alleine mit den Kranken- und Pflegeversicherungsbeiträgen Ihre Vorsorgeaufwendungen ausgeschöpft. Die meisten Rentner werden allerdings auch Beiträge zu anderen Versicherungen absetzen können. Nur Senioren mit höheren monatlichen Einkünften ab 1 500 Euro pro Person schöpfen schon mit den Beiträgen zur Krankenkasse und Pflegeversicherung den Rahmen der Vorsorgeaufwendungen aus. Die Berechnung müssen Sie auch nicht selbst durchführen, das erledigt das Finanzamt. Deswegen sollten Sie alle Versicherungsbeiträge angeben.

WISO rät

Um die Begrenzung der Vorsorgeaufwendungen müssen Sie sich nicht kümmern. Listen Sie alle Ihre Beiträge auf.

Spenden

Wenn Sie an eine gemeinnützige Organisation spenden, können Sie den gespendeten Betrag nach § 10b EStG als Sonderausgabe von der Steuer absetzen. Gemeinnützig ist eine Institution, wenn sie durch das Finanzamt nach § 5 Absatz 1 Nummer 9 des Körperschaftsteuergesetzes von der Körperschaftsteuer befreit wird. Sie erkennen eine gemeinnützige Organisation an Hinweisen wie »Spenden sind steuerbegünstigt« oder »gemeinnützig im Sinne der Paragrafen 51 folgende der Abgabenordnung«. Die Gemeinnützigkeit einer Organisation ist allerdings kein Beleg ihrer Seriosität. Das Finanzamt prüft nur formal, ob die Vorschriften der oben genannten Paragrafen eingehalten werden.

Beträgt eine einzelne Spende bis zu 200 Euro, reicht es aus, wenn Sie die Zahlung in Ihrer Steuererklärung mit dem Überweisungsformular Ihrer Bank belegen. Spenden Sie mehr, müssen Sie eine sogenannte Zuwendungsbescheinigung der unterstützten Organisation beim Finanzamt nach § 50 der Einkommensteuer-Durchführungsverordnung vorlegen. Diese Bescheinigung muss bestimmte formale Anforderungen erfüllen. Sonst kann Ihr Finanzamt die steuerliche Anerkennung Ihrer Spende verweigern. Im Internet finden Sie auf der Website des Bundesfinanzministeriums (www.bundesfinanzministerium.de) in der Rubrik *BMF-Schreiben* Muster von Zuwendungsbescheinigungen, die zum BMF-Schreiben vom 13. Dezember 2007 (Az. IV C 4 – S 2223/07/0018) gehören.

Sie dürfen Ihre Spenden nur in Höhe von maximal 20 Prozent des Gesamtbetrags Ihrer Einkünfte im Jahr steuerlich geltend machen. Spenden Sie mehr, können Sie den Fiskus an den überschüssigen Beträgen nicht beteiligen. Wenn Sie höhere Beträge spenden möchten und gleichzeitig größere Kapitaleinkünfte haben, sollten Sie sich diese Einkünfte von der Bank bestätigen lassen und beim Finanzamt beantragen, dass sie bei der Berechnung des Gesamtbetrags Ihrer Einkünfte berücksichtigt werden. Dadurch gewinnen Sie für die 20-Prozent-Grenze mehr Spielraum. Ohne diese Prozedur bleiben Ihre Kapitaleinkünfte außen vor, weil sie durch die Abgeltungsteuer abschließend besteuert sind (siehe Abschnitt *Steuern auf Zinsen und andere Kapitaleinkünfte*).

Für Spenden an politische Parteien gelten besondere Vorschriften. Hier können Sie die Hälfte des gespendeten Betrags direkt von Ihrer Steuerschuld abziehen, bis zu einer jährlichen Obergrenze von 1650 Euro für Ledige und 3300 Euro für Ehepaare. Für Beträge darüber hinaus gelten die normalen Vorschriften, wie sie oben geschildert sind.

Für Mitgliedsbeiträge gelten weitgehend dieselben Regeln wie für Spenden. Sie können sie also auch im entsprechenden

Rahmen steuerlich als Sonderausgaben geltend machen. Ausgenommen sind allerdings Beiträge an Sportvereine, Freizeitclubs und ähnliche Körperschaften. Deswegen sollten Sie bei Ihrem Verein vorsichtshalber nachfragen, ob sich seine Mitgliedsbeiträge von der Steuer absetzen lassen. Andere Regeln gelten für die Beiträge, die Sie an Gewerkschaften und Berufsverbände zahlen. Das sind steuerrechtlich Werbungskosten.

Unterhaltszahlungen

Wenn Sie an Ihren getrennt lebenden oder geschiedenen Ex-Ehepartner Unterhalt zahlen, können Sie von diesen Zahlungen nach § 10 EStG auf Antrag bis zu 13 805 Euro im Jahr als Sonderausgaben von der Steuer absetzen. Man nennt das begrenztes Realsplitting. Der Betrag von 13 805 Euro wird in der Praxis noch um die Beiträge des Unterhaltsempfängers zur Kranken- und Pflegeversicherung erhöht.

Um die Unterhaltszahlungen als Sonderausgaben geltend machen zu können, muss der Unterhaltsempfänger allerdings zustimmen, da dieser dann den Unterhalt seinerseits als sonstige Einkünfte versteuern muss. Das kann dazu führen, dass der Unterhaltsempfänger tatsächlich Steuern zahlen muss, wenn die Freibeträge überschritten werden, oder dass Sozialleistungen gestrichen werden, wenn das Einkommen des Empfängers über die entsprechenden Einkommensgrenzen kommt. Um diese Nachteile für den Unterhaltempfänger aufzufangen, wird häufig vereinbart, dass der Unterhaltszahler sie ausgleicht. Das kann sich lohnen, weil die ersparten Steuern des Unterhaltszahlers meist höher liegen als die zusätzlichen Ausgaben des Unterhaltsempfangers. Die Zustimmung des Unterhaltsempfängers lässt sich gegebenenfalls für das einzelne Jahr vor Gericht erzwingen, wenn sichergestellt ist, dass er nicht schlechter gestellt wird. Alternativ lassen sich Unterhaltszahlungen in geringerem Umfang ohne Zustimmung des Unterhaltsempfängers als außergewöhnliche Belastung von der Steuer absetzen (siehe Abschnitt *Außergewöhnliche Belastungen*).

Wenn Sie zusätzlich zum Unterhalt an Ihren Ex-Partner auch Zahlungen zum Versorgungsausgleich leisten, können Sie diese ebenfalls als Sonderausgaben steuerlich geltend machen. Dazu muss das Finanzamt diese Zahlungen als dauernde Last anerkennen und nicht als Unterhaltsleistung. Der Ausgleichsempfänger muss diese Zahlung dann seinerseits versteuern, ähnlich wie eine private Rente nach dem Ertragsanteil (siehe im Abschnitt *Ungeförderte private Altersrenten* das Unterkapitel *Ertragsanteil*).

Haushaltsnahe Dienstleistungen und Handwerkerleistungen

Die sogenannten haushaltsnahen Dienstleistungen und Handwerkerleistungen sind steuerlich sehr attraktiv. Denn Sie dürfen nach § 35a Absatz 1 EStG einen Teil Ihrer Ausgaben für solche Dienstleistungen direkt von Ihrer Steuerschuld abziehen. Das heißt, Aufwendungen für haushaltsnahe Dienstleistungen werden nicht im eigentlichen Sinne von der Steuer abgesetzt, also nicht vom zu versteuernden Einkommen abgezogen, sondern von dem Betrag der zu zahlenden Steuern abgezogen. Das direkte Abziehen von der Steuerschuld bringt deutlich mehr als das Absetzen vom zu versteuernden Einkommen. Gebremst wird die Wirkung allerdings dadurch, dass immer nur ein Teil der Ausgaben abgezogen werden darf. Den haushaltsnahen Dienstleistungen und Handwerkerleistungen steht im Mantelbogen der Steuererklärung ein eigener Abschnitt zur Verfügung. Bevor Sie eine haushaltsnahe Dienst- oder Handwerkerleistung geltend machen, müssen Sie allerdings prüfen, inwieweit Ihre Ausgaben als Werbungskosten, Sonderausgaben oder außergewöhnliche Belastung anzusetzen sind. Sollte dies der Fall sein, ist der Weg über die haushaltsnahe Dienstleistung verschlossen. Die anderen Kostenarten gehen vor. Meistens handelt es sich aber um haushaltsnahe Dienstleistungen und das können folgende Leistungen sein:

- Bereitschaftsdienste
- Betreuung
- Einkäufe
- Gartenpflege
- Haushaltshilfen
- Hausmeisterdienste
- Kinderbetreuung
- Kochen
- Pflegedienste
- Reinigung der Wohnung, des Hauses
- Umzüge

Als haushaltsnahe Dienstleistungen werden die Arbeiten bezeichnet, die man auch selbst in seinem Haushalt verrichten kann. Keine haushaltsnahen Dienstleistungen sind personenbezogene Leistungen, wie etwa ein Haarschnitt durch einen Friseur oder eine Maniküre durch eine Kosmetikerin. Auch Nachhilfe oder Sprachunterricht zählen nicht zu den haushaltsnahen Dienstleistungen. Für eine haushaltsnahe Pflegedienstleistung ist es unerheblich, wo sie stattfindet. Das kann in der Wohnung der zu pflegenden Person sein, bei Ihnen zu Hause oder in einem Pflegeheim. Wichtig ist, dass Sie die Leistungen der Pflegeversicherung berücksichtigen. Sie dürfen nur den Teil der Aufwendungen angeben, den Sie selbst bezahlt haben. Als haushaltsnahe Handwerkerleistungen gelten:

- Kontrollarbeiten
- Modernisierungen
- Renovierungen
- Reparaturen
- Wartungen

Wenn Sie beispielsweise Ihre Wände streichen lassen, können Sie einen Teil Ihrer Kosten als haushaltsnahe Handwerkerleistung geltend machen. Dasselbe gilt für den Fall, dass Sie Ihre Fenster austauschen oder Ihr Dach sanieren lassen. Auch die Wartung Ihrer Heizung oder den Einbau einer neuen Kücheneinrichtung können Sie so abrechnen. Selbst die Leistung des Schornsteinfegers können Sie als haushaltsnahe Handwerkerleistung geltend machen. Wenn Ihre Waschmaschine, Ihr Computer oder Ihr Fernsehgerät repariert werden muss, gilt dasselbe. Nur wenn es um Neuanschaffungen geht und um Neubauten, dann können Sie die Ausgaben nicht als haushaltsnahe Handwerkerleistung abrechnen.

Der Ort, an dem die haushaltsnahe Dienst- oder Handwerkerleistung stattfindet, kann Ihre Wohnung sein, Ihr Haus oder auch Ihr Ferienhaus. Auch wenn Sie in einer Senioreneinrichtung leben, können Sie diese Kosten geltend machen. In diesem Fall sollten Sie darauf achten, dass die Kosten, die Sie tragen, getrennt ausgewiesen sind. Der Bundesfinanzhof hat am 29. Januar 2009 klargestellt, dass auch Heimbewohner die Kosten für Hausmeister, Gärtner, Reinigungskräfte oder auch für Betreuungsdienste als haushaltsnahe Dienstleistungen geltend machen können (Az. VI R 28/08).

Grenzen der Abziehbarkeit

Die haushaltsnahen Dienstleistungen und Handwerkerleistungen sind steuerlich, wie gesagt, attraktiv, weil man einen Teil der Ausgaben direkt von der persönlichen Steuerschuld abziehen kann. Man darf aber nur einen Teil der Kosten geltend machen. Außerdem geht es grundsätzlich nur um die Arbeitskosten. Das heißt, Sie dürfen nur den Arbeitslohn, die Fahrtkosten und die darauf verlangte Mehrwertsteuer in Ansatz bringen. Die Materialkosten bleiben außen vor. Wie viel Sie von Ihren Ausgaben jeweils geltend machen können, richtet sich nach der Form der haushaltsnahen Dienstleistung beziehungsweise Handwerkerleistung.

Minijob im privaten Haushalt

Wenn Sie Ihre Putzfrau oder Ihren Gärtner im Rahmen eines Minijobs in Ihrem privaten Haushalt nach § 8a SGB IV beschäftigen, dürfen Sie im Folgejahr 20 Prozent der Arbeitskosten von Ihrer Steuerschuld abziehen. Der Abzug ist allerdings auf höchstens 510 Euro pro Jahr begrenzt. Das heißt, obwohl Sie Ihren Minijobber für bis zu 400 Euro im Monat beschäftigen dürfen, ist bereits bei 2 550 Euro an jährlicher Zahlung die maximale Grenze erreicht, um die 20 Prozent beziehungsweise 510 Euro vollständig auszunutzen.

Ein Minijob im privaten Haushalt ist ein kleines Beschäftigungsverhältnis. Sie machen einen Arbeitsvertrag mit Ihrem Minijobber und melden ihn über das sogenannte Haushaltsscheckverfahren bei der Minijobzentrale in Cottbus an, an die Sie zweimal im Jahr per Bankeinzug pauschale Abgaben zahlen. Diese Abgaben bestehen in der Regel aus folgenden Positionen (Stand 2010):

5 %	gesetzliche Rentenversicherung
5 %	gesetzliche Krankenversicherung
2 %	Pauschsteuer
1,6 %	gesetzliche Unfallversicherung
0,6 %	Umlage bei Krankheit
0,07 %	Umlage bei Schwangerschaft und Mutterschutz
14,27 %	pauschale Abgaben

Die Abgaben zählen zu den Arbeitskosten, die Sie geltend machen können. Sie können übrigens auch Ihrerseits als Minijobber im privaten Haushalt beschäftigt werden, wenn Sie beispielsweise regelmäßig Ihre Enkel im Haushalt eines Ihrer Kinder betreuen.

Externe Dienstleistung oder sozialversicherungspflichtige Beschäftigung

Sie können, statt einen Minijobber zu beschäftigen, aber auch eine Dienstleistungsagentur beauftragen, Ihre Wohnung zu putzen, einen Verwandten zu pflegen oder sich um Ihren Garten zu kümmern. Diese Form der haushaltsnahen Dienstleistungen bringt für Sie den geringsten Aufwand. Beauftragen Sie einen externen Dienstleister, können Sie bis zu 4000 Euro jährlich geltend machen. Das dürfen allerdings auch in diesem

Fall nicht mehr als 20 Prozent der Arbeitskosten sein. Auf diese Weise können Sie bis zu 20 000 Euro im Jahr an die Dienstleister zahlen, wenn Sie die Regeln komplett ausnutzen möchten (20 000 Euro × 20 % = 4 000 Euro).

Dieselben Beträge können Sie von Ihrer Steuerschuld abziehen, wenn Sie eine Haushaltshilfe oder einen Gärtner für mehr als 400 Euro im Monat beschäftigen und ihn demzufolge sozialversicherungspflichtig anstellen. Um einen Angestellten sozialversicherungspflichtig zu beschäftigen, müssen Sie ihn allerdings bei allen Sozialversicherungen melden, die Beiträge abführen und am Lohnsteuerverfahren teilnehmen. Das bringt einen großen Aufwand mit sich.

Haushaltsnahe Handwerkerleistungen

Auch von den Kosten haushaltsnaher Handwerkerleistungen können Sie pro Jahr 20 Prozent direkt von Ihrer Steuerbelastung abziehen. Insgesamt dürfen es 1 200 Euro im Jahr sein. Das heißt, Sie können für insgesamt 6 000 Euro Handwerker mit Reparatur- und Wartungsarbeiten beauftragen, um die 20 Prozent optimal auszunutzen, um also 1 200 Euro geltend zu machen (6 000 Euro × 20 % = 1 200 Euro).

Zahlweise

Bei den haushaltsnahen Dienst- und Handwerkerleistungen müssen Sie einige Formalitäten beachten. So werden Ihre Ausgaben nur dann anerkannt, wenn das Geld auf das Konto des Dienstleisters eingezahlt wurde. Das heißt, Sie müssen den Lohn überweisen. Zur Not akzeptiert das Finanzamt auch die

Zahlung mit einem Verrechnungsscheck. Auf keinen Fall dürfen Sie haushaltsnahe Dienstleistungen bar bezahlen. Außerdem müssen Sie die Aufwendungen mit einer detaillierten Rechnung nachweisen. Wenn das Finanzamt Sie dazu auffordert, müssen Sie auch Ihre Kontoauszüge vorlegen, die die Zahlung dokumentieren. Sie müssen diese Unterlagen also bereithalten. Mit diesen Vorschriften soll der Schwarzarbeit vorgebeugt werden.

Achtung!
Haushaltsnahe Dienst- und Handwerkerleistungen dürfen nicht bar bezahlt werden.

Die Kosten einer haushaltsnahen Dienst- oder Handwerkerleistung können nicht auf ein anderes Jahr übertragen werden. Wenn Sie im entsprechenden Jahr keine Steuerschuld gegenzurechnen haben, gehen Sie leer aus. Der Bundesfinanzhof hat diese Regelung am 29. Januar 2009 bestätigt (Az. VI R 44/08). Ähnliches gilt für den Fall, dass Sie mehr als den Höchstbetrag geltend machen könnten. Sie können dann nur mit dem Bezahlen der Rechnungen etwas warten und erst im folgenden Kalenderjahr überweisen, wenn der Dienstleister oder der Handwerker damit einverstanden ist. Denn es kommt auf den Zahlungstermin an, nicht auf den Zeitpunkt, an dem die Leistung erbracht wurde. Außerdem können Sie bei größeren Leistungen natürlich versuchen, sie von vornherein auf zwei Jahre zu verteilen.

Werbungskosten

Werbungskosten sind Ausgaben, die der Erzielung von Einkünften dienen. Das sind für Arbeitnehmer beispielsweise Ausgaben für die Fahrt zur Arbeit oder für Arbeitsmittel, wie Fachbücher oder Computer. Bei Senioren fallen Werbungskosten selten an, weil sie kaum Aufwand betreiben müssen, ihre Rente oder ihre Pension ausgezahlt zu bekommen. Deswegen reicht für die meisten der jeweilige Pauschbetrag aus, um eventuelle Werbungskosten abzudecken.

Als Rentner bekommen Sie automatisch Werbungskosten in Höhe von 102 Euro pro Jahr angerechnet, durch den Werbungskostenpauschbetrag für Rentner nach § 9a Satz 1 Nummer 3 EStG. Pensionäre haben ebenfalls Anspruch auf einen Werbungskostenpauschbetrag von 102 Euro jährlich nach § 9a Satz 1 Nummer 1b EStG. Wenn Sie eine Rente und eine Pension beziehen, erhalten Sie beide Pauschbeträge. Das ist auch der Fall, wenn Sie eine gesetzliche Rente beziehen und zusätzlich eine Werkspension, also eine Betriebsrente, die direkt vom ehemaligen Arbeitgeber gezahlt wird.

Durch die Freibeträge, die Sie auf eine Beamten- oder Werkspension angerechnet bekommen, also durch den Versorgungsfreibetrag, den Zuschlag zum Versorgungsfreibetrag und den Werbungskostenpauschbetrag, kann Ihr Einkommen allerdings nicht ins Minus rutschen, sodass Sie gegebenenfalls Steuern vom Finanzamt zurückfordern könnten. Bei 0 Euro zu versteuerndes Einkommen ist Schluss mit der Wirkung der Freibeträge.

Um die Werbungskostenpauschalen müssen Sie sich nicht kümmern, die setzt das Finanzamt von sich aus an. Sie sehen hier allerdings auch, dass Rentner und Pensionäre eine deutlich geringere Werbungskostenpauschale zugestanden bekommen als Arbeitnehmer. Sie haben Anspruch auf den sogenannten Arbeitnehmerpauschbetrag in Höhe von 920 Euro im Jahr. Das liegt daran, dass Arbeitnehmer in der Regel einen höheren Aufwand für ihren Lohn oder ihr Gehalt betreiben als Rentner oder Pensionäre für ihre Einkünfte im Ruhestand.

Sollten Sie aber als Rentner oder Pensionär höhere Werbungskosten haben, können Sie diese selbstverständlich geltend machen. Das sind dann am ehesten Beratungskosten oder Ausgaben für einen Rechtsanwalt, für den Fall nämlich, dass Sie sich mit dem Rentenversicherungsträger oder Ihrer ehemaligen Dienststelle über die Rente oder die Pension beziehungsweise ihre Höhe streiten. Dann haben Sie in einem oder mehreren Jahren in der Tat Ausgaben, um Ihre Einkünfte zu sichern. Dazu zählen auch Fahrtkosten, Porto und Telefonausgaben wegen des Rechtsstreits um Ihre Altersbezüge. Ganz unabhängig von Rechtsstreitigkeiten können Sie immer Ihre Beiträge an eine Gewerkschaft oder einen Berufsverband als Werbungskosten geltend machen. Auch Ihre Steuerangelegenheiten selbst können Werbungskosten verursachen. Dann nämlich, wenn kompliziertere Sachverhalte zu klären sind, die über das bloße Helfen beim Ausfüllen der Formulare hinausgehen. Entsprechende Aufwendungen können Sie als Werbungskosten geltend machen.

Wenn Sie Werbungskosten über den Pauschbetrag hinaus geltend machen, müssen Sie sie belegen und in den Steuerformularen nennen. Das gilt auch für die ersten 102 Euro, die dann nicht mehr über den Pauschbetrag abgedeckt sind. Da Werbungskosten immer der jeweiligen Einkunftsart zugeordnet werden, müssen Sie als Rentner Ihre Werbungskosten in der Anlage R eintragen, wo Sie auch Ihre Rente angeben. Pensionen gelten als aufgeschobener Lohn. Deswegen werden sie in der Anlage N (nichtselbstständige Arbeit) vermerkt, sodass auch die dazugehörigen Werbungskosten hier angegeben werden müssen.

Werbungskosten haben generell den Vorteil, dass man sie nicht im Jahr ihrer Entstehung geltend machen muss, sondern auf andere Jahre übertragen kann. Wenn Sie sich beispielsweise vor Gericht über Ihre Rente streiten, die aber erst ein oder mehrere Jahre später beginnt, können Sie die Kosten im Jahr des Renteneintritts geltend machen. Das lohnt natürlich nur dann, wenn Sie im Entstehungsjahr der Kosten keine Einkünfte haben, die Sie mit den Gerichtskosten mindern könnten. Auch wenn Sie besonders hohe Kosten hatten, können Sie die Ausgaben auf zwei oder mehrere Jahre verteilen, um sie optimal zu nutzen.

Besteuerung im Ausland

Sollten Sie Ihre Rente oder Ihre Pension unter südlicher Sonne oder anderswo im Ausland genießen, müssen Sie zusätzliche Steuervorschriften beachten. Vor allem sollten Sie prüfen, ob Sie in Deutschland steuerpflichtig sind oder in Ihrem Gastland, denn auch das nimmt gerne Steuern von Ihnen. Dazu müssen Sie klären, ob zwischen Ihrem Gastland und der Bundesrepublik Deutschland ein Doppelbesteuerungsabkommen besteht und welche Regelungen damit getroffen wurden. Da die Steuerbelastung im Ausland oft höher ausfällt als in Deutschland, kann es sich lohnen, weiterhin in der Heimat besteuert zu werden. Das klappt am besten, wenn Sie der uneingeschränkten Steuerpflicht in Deutschland unterliegen. Diese liegt vor, wenn Sie noch einen Wohnsitz in Deutschland haben oder Sie sich für gewöhnlich die Hälfte des Jahres (183 Tage) dort aufhalten. Wenn Sie dagegen weniger Zeit in Deutschland verbringen oder dort keinen Wohnsitz mehr haben und Sie aber beispielsweise noch Einkünfte in Deutschland haben, kommt für Sie die beschränkte Steuerpflicht in Deutschland infrage. Die beschränkte Steuerpflicht bringt allerdings meist eine höhere Belastung mit sich.

Die genauen Einzelheiten sollten Sie mit Ihrer zuständigen Finanzbehörde klären. Das ist für die Bezieher einer gesetzlichen Rente bundesweit einheitlich das Finanzamt in Neubrandenburg. Sie erreichen es unter folgender Adresse:

Finanzamt Neubrandenburg
Neustrelitzerstraße 120
17033 Neubrandenburg

Fragen zur Besteuerung der gesetzlichen Rente im Ausland werden unter der Telefonnummer 0395 380 1144 oder der E-Mail-Adresse ria@finanzamt-neubrandenburg.de beantwortet. Für die Besteuerung von Pensionen bleibt das Finanzamt der ehemaligen Dienststelle zuständig, auch wenn der Pensionär ins Ausland zieht.

Unterschiedliche Belastung der Generationen

Technisch ausgedrückt wird durch die neuen Regeln von der vorgelagerten auf die nachgelagerte Besteuerung umgestellt. Vereinfacht heißt das, früher wurden die Beiträge besteuert, in Zukunft werden die Renten der Besteuerung unterworfen. Dazwischen liegt eine 35-jährige Umstellungsphase. Die Belastungen in dieser Zeit sind nicht gleichmäßig verteilt. Deswegen müssen sich die jüngere und die mittlere Generation darauf vorbereiten, im Alter Steuern zahlen zu müssen, und das bei ihrer Altersvorsorge berücksichtigen. Die mittlere Generation läuft außerdem Gefahr, Beiträge und Renten zum Teil doppelt besteuert zu bekommen. Denn die Entlastung der Rentenversicherungsbeiträge kommt für sie zu langsam, während für sie die spätere Rente voll zu versteuern ist.

Nach den alten Regeln wurden die Beiträge zur gesetzlichen Rentenversicherung zum Teil steuerlich belastet und die Renten später im Ruhestand so gut wie gar nicht. Durch die neuen Regeln werden schrittweise die Rentenversicherungsbeiträge entlastet, während die Rente stärker belastet wird. Die steuerliche Belastung wird also von den Beiträgen auf die Renten verschoben. Man spricht von der nachgelagerten Besteuerung. Das passiert stufenweise, in einem langen Übergangsprozess, der bis 2040 dauert. In dieser Umstellungszeit werden die Generationen unterschiedlich belastet. Es ist nicht gelungen, die Belastungen gleichmäßig zu verteilen.

Belastung der mittleren Generation

Die vielen neuen Formalitäten und vor allem die finanziellen Belastungen für die ältere Generation sind für die Betroffenen natürlich ausgesprochen ärgerlich. Schaut man sich aber die Wirkung der Neuregelungen auf die verschiedenen Generationen an, wird klar, dass die Rentner und Pensionäre von heute noch am wenigsten belastet werden. Am meisten trifft es die mittlere Generation. Die Jüngeren werden schon wieder etwas weniger belastet.

Dass die mittlere Generation der Verlierer der Umstellung der Besteuerung der Alterseinkünfte ist, liegt daran, dass sie auf der einen Seite den größten Teil ihrer späteren gesetzlichen Rente zum zu versteuernden Einkommen zählen muss, auf der anderen Seite aber auf einen Teil der Beiträge zur gesetzlichen Rentenversicherung auch schon Steuern gezahlt hat. Die Beiträge zur Rentenversicherung werden zwar stufenweise von der Besteuerung freigestellt, für die mittlere Generation aber zu langsam, um mit dem steigenden Besteuerungsanteil der späteren Rente mitzuhalten. Denn die mittelalten Arbeitnehmer haben bereits einen großen Anteil ihrer Rentenversicherungsbeiträge nach dem alten Recht vor

2005 versteuert, als die Steuerbelastung der Beiträge in der Regel höher lag. Dadurch kann es für die mittlere Generation zu einer Doppelbesteuerung kommen.

Deswegen sollte jeder, der 1955 und später geboren wurde, immer an die Steuerbelastung im Alter denken, wenn es um die Altersvorsorge geht. Ganz konkret heißt das, dass diese Generationen mehr fürs Alter vorsorgen müssen, um ihren Lebensstandard zu sichern, weil sie einen Teil ihrer Altersversorgung an den Fiskus zahlen muss.

WISO rät

Die mittleren und die jüngeren Jahrgänge brauchen noch mehr zusätzliche Altersvorsorge, weil sie im Alter Steuern zahlen müssen.

Wenn man im Vergleich dazu die steuerliche Belastung der Beiträge und der Renten der älteren Generation betrachtet, sieht man, dass ein Teil der Beiträge wie auch der Renten der Älteren steuerfrei bleibt. Das gilt besonders für die älteren Senioren, die bereits vor einigen Jahren in den Ruhestand gegangen sind. Die Jüngeren wiederum haben weniger lang oder gar keine Rentenversicherungsbeiträge nach altem Recht versteuern müssen, und sie werden lange Zeit Beiträge unversteuert einzahlen können. Deswegen ist es für ihre Generation weniger problematisch, dass ihre Rente später komplett zum zu versteuernden Einkommen gerechnet wird. Insbesondere die ganz Jungen laufen nicht mehr Gefahr, dass ihre Beiträge und Renten doppelt besteuert werden.

Entlastung der Beitragszahler

Die Beiträge zur gesetzlichen Rentenversicherung gelten steuerrechtlich als Vorsorgeaufwendungen, die wiederum zu den Sonderausgaben gezählt werden. Das sind private Kosten, die trotzdem steuerlich geltend gemacht werden können, meistens aber nur in begrenztem Umfang. Wie gezeigt wurde, sind Versicherungsbeiträge die wichtigsten Sonderausgaben. Vor 2005 wurden alle Versicherungsbeiträge zusammengezählt und gemeinsam, innerhalb bestimmter Grenzen, als Vorsorgeaufwendungen abgesetzt. Mit dem Alterseinkünftegesetz wurden die Zahlungen zur Rentenversicherung von den anderen Versicherungsbeiträgen getrennt. Seit 2005 werden die Beiträge zur gesetzlichen Rentenversicherung separat als Altersvorsorgeaufwendungen geführt. Sie wurden aber nicht nur neu einsortiert, sondern werden seitdem steuerlich auch besser behandelt, das heißt, ein größerer Teil kann von der Steuer abgesetzt werden. Darin besteht die Entlastung der Beitragszahler. Die restlichen Versicherungsbeiträge werden seit 2005 als sonstige Vorsorgeaufwendungen bezeichnet.

Vorsorgeaufwendungen nach altem Recht

Bis 2004 wurden die Beiträge zur gesetzlichen Rentenversicherung wie folgt behandelt: Der Arbeitgeberanteil war steuerfrei, weil er vom Arbeitgeber als Betriebsausgabe abgesetzt wird. Somit wurden schon einmal 50 Prozent der Rentenbeiträge steuerlich nicht belastet. Der Arbeitnehmer aber hatte deutlich weniger Möglichkeiten, seine Rentenversicherungsbeiträge steuerlich geltend zu machen. Seine Beiträge zählten zusammen mit den anderen Sozialversicherungsbeiträgen und privaten Versicherungsprämien zu den Vorsorgeaufwendungen. Von diesen Vorsorgeaufwendungen durften ledige Arbeitnehmer und Beamte aber nur 2001 Euro im Jahr steuerlich geltend machen, Ehepaare das Doppelte. Mehr absetzen konnte nur, wer als Lediger weniger als 20000 Euro brutto im Jahr verdiente, als Ehepaar bis zu 40000 Euro oder als Selbstständiger seine Versicherungsbeiträge vollständig selbst bezahlte, weil er keinen Arbeitgeberanteil bekam.

Von seinen Versicherungsbeiträgen konnte ein Steuerzahler also nur einen begrenzten Betrag geltend machen. Wie groß der Anteil des Rentenversicherungsbeitrages an den Vorsorgeaufwendungen war, die abgesetzt wurden, lässt sich nicht generell sagen. Denn es gibt keine festgelegte Aufteilung, zu wie viel Prozent die Rentenversicherungsbeiträge zu den steuerfreien Vorsorgeaufwendungen zählten. Da auch Beiträge zu privaten Versicherungen geltend gemacht werden konnten, waren die Vorsorgeaufwendungen bei jedem Steuerzahler anders zusammengestellt.

Altersvorsorgeaufwendungen nach neuem Recht

Seit 2005 gelten andere Regeln: Seitdem wird der Beitrag zur gesetzlichen Rentenversicherung nach § 10 Absatz 3 EStG schrittweise von der Steuer befreit, jedes Jahr etwas mehr. Aber erst 2025 werden die Rentenversicherungsbeiträge komplett steuerfrei sein. Die Beiträge, die Sie beispielsweise 2010 an die gesetzliche Rentenversicherung zahlen, sind zu 70 Prozent steuerfrei. Aber freuen Sie sich nicht zu früh. Denn die ersten 50 Prozentpunkte gehen auf das Konto Ihres Arbeitgebers. Das heißt, es bleibt dabei, dass der Arbeitgeber seinen Beitragsanteil vollständig von der Steuer absetzt. Da der Arbeitgeberanteil die Hälfte des Beitrags ausmacht, sind damit schon einmal 50 Prozentpunkte aufgebraucht. Ihnen als Arbeitnehmer bleiben 2010 nur die restlichen 20 Prozentpunkte.

Beispiel

Sie verdienen als sozialversicherungspflichtig Beschäftigter im Jahr 40 000 Euro brutto. Der Beitragssatz der gesetzlichen Rentenversicherung beträgt 19,9 Prozent (Stand 2010). Das sind bei Ihrem Gehalt 7 960 Euro jährlich. Die Hälfte dieses Betrages zahlt Ihr Arbeitgeber. Das sind 3 980 Euro.

40 000 Euro Brutto-Gehalt × 19,9 % = 7 960 Euro Rentenversicherungsbeitrag

7 960 Euro : 2 = 3 980 Euro steuerfreier Arbeitgeberanteil

Sie als Arbeitnehmer zahlen ebenfalls 3 980 Euro an die gesetzliche Rentenversicherung, den Arbeitnehmeranteil. Diesen Betrag dürfen Sie aber nur zum Teil steuerlich geltend machen, denn Ihnen bleiben nur 20 Prozentpunkte vom Gesamtbeitrag, die Sie 2010 von der Steuer absetzen können.

70 %	steuerfreier Anteil am Rentenversicherungsbeitrag
– 50 %	steuerfreier Arbeitgeberanteil
20 %	steuerfreier Arbeitnehmeranteil

7 960 Euro × 20 % = 1 592 Euro steuerfreier Arbeitnehmeranteil

Von den 3 980 Euro, die Sie 2010 an die gesetzliche Rentenversicherung zahlen, können Sie 1 592 Euro steuerlich geltend machen. Den Rest, also 2388 Euro, zahlen Sie aus versteuertem Einkommen.

Die Beiträge zur gesetzlichen Rentenversicherung werden, wie gesagt, stufenweise steuerlich entlastet. Begonnen hat es mit 60 Prozent der Beiträge, die 2005 von der Einkommensteuer befreit worden waren. Jedes Jahr steigt der Anteil um 2 Prozentpunkte. 2006 waren es 62 Prozent, 2007 64 Prozent, 2008 66 Prozent, 2009 68 Prozent und 2010 eben 70 Prozent. 2015 werden es 80 Prozent sein, 2020 90 Prozent, bis dann ab 2025 die Rentenversicherungsbeiträge wirklich vollständig steuerfrei sind.

Entwicklung der steuerfreien Rentenversicherungsbeiträge

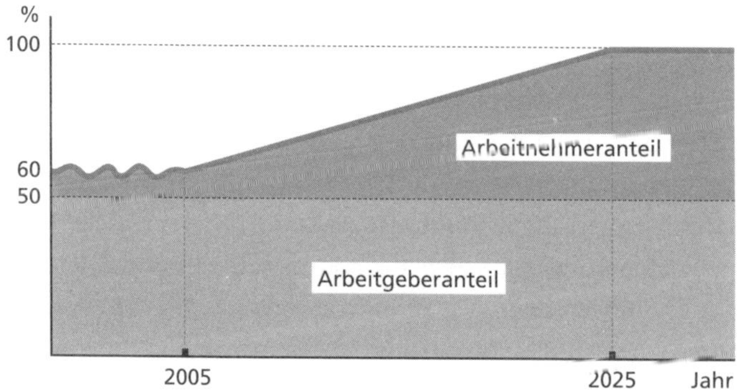

Die schrittweise Entlastung der Beitragszahler macht sich erst mit der Zeit bemerkbar. In den ersten Jahren werden viele Arbeitnehmer wenig oder gar nichts von der Steuerbefreiung mitbekommen haben. Wer 50 bis 100 Euro weniger

Steuern im Jahr zahlt, nimmt das kaum wahr. Da die Entlastung aber, wie beschrieben, zunimmt, werden alle Beitragszahler auf Dauer spürbar profitieren. Es lässt sich aber nicht sagen, um wie viel Euro der einzelne Steuerzahler entlastet wird, weil man die alte Belastung nicht eindeutig bestimmen kann. Denn nach altem Recht wurden, wie oben angeführt, alle Versicherungsbeiträge in einen Topf geworfen, und die Vorsorgeaufwendungen wurden je nach Einkommenshöhe und beruflichem Status steuerlich unterschiedlich stark berücksichtigt.

Die Steuerentlastung bringt denen am meisten, die insgesamt hohe Steuern zahlen, also den Beitragszahlern mit einem höheren Einkommen. Das liegt einfach daran, dass die Progression des Steuertarifs keine Einbahnstraße ist. Wer mehr verdient, muss überproportional mehr Steuern zahlen, und wer viel Steuern zahlt, profitiert von Steuererleichterungen ebenso überproportional.

Die Steuern, die die Beitragszahler sparen, sollten sie in eine zusätzliche Altersversorgung stecken, rät die Deutsche Rentenversicherung. Denn wie gesagt, die mittlere und die junge Generation werden im Alter flächendeckend Steuern auf die Rente und andere Einkünfte zahlen müssen. Das ist Geld, das zur Sicherung des Lebensstandards fehlen wird. Diese Lücke sollte mit zusätzlicher Altersvorsorge geschlossen werden, die mit den gesparten Steuern finanziert werden kann.

WISO rät

Nutzen Sie die gesparten Steuern für Ihre zusätzliche Altersversorgung. Denn im Alter werden die Steuern Ihr Einkommen verringern.

Begrenzung auf 20 000 Euro

Noch ein Detail der Steuerentlastung der Rentenversicherungsbeiträge ist wichtig. Wenn Sie über die steuerliche Behandlung Ihrer Rentenversicherungsbeiträge nachdenken, müssen Sie nicht nur die stufenweise Steuerbefreiung beachten, sondern auch eine Obergrenze. Sie liegt bei 20 000 Euro pro Jahr. Altersvorsorgeaufwendungen werden nur bis zu dieser Gesamthöhe berücksichtigt, und das auch erst 2025. In der Zeit bis dahin gelten nicht die vollen 20 000 Euro als Grenze, sondern nur ein Anteil, der sich wie der steuerfreie Anteil am Rentenversicherungsbeitrag entwickelt. So sind 2010, wie oben geschildert, 70 Prozent des Beitrags zur Rentenversicherung steuerfrei. Analog dazu liegt die Obergrenze 2010 bei 70 Prozent von 20 000 Euro, also bei 14 000 Euro. 2011 sind es 72 Prozent, was 14 400 Euro entspricht, 2012 74 Prozent, also 14 800 Euro und so weiter.

Wenn Sie ein durchschnittliches Gehalt haben, muss Sie die Grenze erst einmal nicht weiter kümmern. Selbst wenn Sie den Maximalbeitrag zur gesetzlichen Rentenversicherung zahlen, bleiben Sie vorerst unter der Obergrenze. Den Höchstbeitrag zur gesetzlichen Rentenversicherung zahlen Sie, wenn Ihr Gehalt die Beitragsbemessungsgrenze erreicht oder darüber liegt. Die Beitragsbemessungsgrenze der gesetzlichen Rentenversicherung liegt in Westdeutschland bei 66 000 Euro im Jahr und in Ostdeutschland bei 55 800 Euro jährlich (Stand 2010). Daraus ergeben sich jährliche Höchstbeiträge von rund 13 000 beziehungsweise 11 000 Euro, von denen auch nur der steuerfreie Teil angerechnet wird, also 2010 nur 70 Prozent. Sie bleiben folglich auch in den nächsten Jahren als Gutverdiener unter der Obergrenze, weil sie jedes Jahr um

2 Prozentpunkte erhöht wird. Insofern hält die Grenze mit der Entwicklung der Beitragsbemessungsgrenze mit, die jährlich um einige Hundert Euro angehoben wird. Erst nach 2025, wenn die Obergrenze im Gegensatz zur Beitragsbemessungsgrenze nicht mehr jedes Jahr angehoben wird, kann es Arbeitnehmern mit einem höheren Gehalt passieren, dass sie Teile ihrer Rentenversicherungsbeiträge nicht mehr steuerlich geltend machen können.

Zum Problem kann die 20000-Euro-Grenze allerdings werden, wenn Sie neben der gesetzlichen Rente auch noch eine Basisrente steuerlich geltend machen wollen. Beiträge zu einer Basisrente, die auch als Rürup-Rente bezeichnet wird, zählen nämlich wie die gesetzliche Rente zur Basis-Altersversorgung, die in den Steuerformularen als Leibrenten bezeichnet wird. Wenn Sie ein höheres Gehalt beziehen, haben Sie nur einen begrenzten Spielraum, die Beiträge zu einer Basisrente von der Steuer abzusetzen. Deswegen sollten Sie, bevor Sie eine Basisrentenversicherung abschließen, immer erst ausrechnen, wie nahe Sie an die Obergrenze kommen. Schließlich besteht die Förderung der Basisrente in der steuerlichen Absetzbarkeit der Beiträge. Wenn das nicht funktioniert, weil Sie die Obergrenze überschreiten, bleibt ein Teil Ihrer Basisrente ungefördert.

Die Riester-Rente wird steuerlich über einen eigenen Sonderausgabenabzug gefördert, sodass sie von diesem Problem unberührt bleibt. Dasselbe gilt für Beiträge zur betrieblichen Altersversorgung auf Basis der Entgeltumwandlung. Arbeitnehmer, die etwas von ihrem Lohn oder Gehalt in eine Betriebsrente einzahlen, müssen auf diese Beträge weder Steuern noch Sozialabgaben zahlen. Auch die Betriebsrentenbeiträge werden separat abgerechnet und nicht mit den Altersvorsorgeaufwendungen verrechnet. Wenn Sie Beiträge zu einer privaten Rentenversicherung oder einer Kapitallebensversicherung einzahlen, können Sie diese Beiträge nur dann steuerlich geltend machen, wenn Sie den Versicherungsvertrag vor 2005 abgeschlossen haben. Dann zählen die Beiträge aber nicht zu den Altersvorsorgeaufwendungen, sondern zu den sonstigen Vorsorgeaufwendungen. Ob Ihre Beiträge zur Privatrente hier zum Zuge kommen, müssen Sie prüfen, denn der Umfang der sonstigen Vorsorgeaufwendungen ist begrenzt. Oft wird er schon allein durch die Krankenversicherungsbeiträge aufgebraucht.

Doppelbesteuerungsproblematik

Grundsätzlich darf der Staat nicht zweimal Steuern verlangen, erst auf die Beiträge und später dann noch einmal auf die Rente. Das wäre eine Doppelbesteuerung, die unzulässig ist. Darauf hat auch das Bundesverfassungsgericht in seinem Urteil vom 6. März 2002 (Az. 2 BvL 17/99) hingewiesen, das die Umstellung der Rentenbesteuerung ausgelöst hat. Die neuen Regelungen müssten, so schrieben es die höchsten deutschen Richter vor, so abgestimmt werden, dass eine doppelte Besteuerung vermieden wird.

In Bezug auf die Renten bedeutet das, dass entweder die Beiträge zur Rentenversicherung besteuert werden oder später im Alter die Renten. Möglich ist auch, jeweils Anteile der Beiträge und der Renten der Besteuerung zu unterwerfen, solange die Summe dieser Teile nicht 100 Prozent überschreitet. So kann der Staat, vereinfacht ausgedrückt, beispielsweise die Hälfte der Beiträge besteuern und im Alter dann die Hälfte der Rente. Auch andere Verteilungen der Belastung sind denkbar, wichtig ist nur, dass das Rentengeld insgesamt nur einmal besteuert wird. Genau hier aber liegt das Problem.

Die am meisten belasteten Jahrgänge

Wer 2010 Mitte dreißig ist, wird seine gesetzliche Rente im Alter komplett versteuern müssen. Das heißt, seine Rente zählt zu 100 Prozent zu seinem zu versteuernden Einkommen. Die Mittdreißiger werden aber bis 2025 einen wesentlichen Teil ihrer Beiträge zur gesetzlichen Rentenversicherung aus bereits versteuertem Einkommen gezahlt haben. Auf diese Doppelbesteuerung haben Fachleute immer wieder hingewiesen, auch bei WISO. Wie bereits am Anfang dieses Kapitels ausgeführt wurde, betrifft das Doppelbesteuerungsproblem vor allem die mittlere Generation. Als erstes wird es die Jahrgänge, die ab 1955 geboren wurden, treffen. Wer in den sechziger und siebziger Jahren des vergangenen Jahrhunderts geboren wurde, wird am meisten belastet. Die Umstellung der Rentenbesteuerung trifft die Generation, die den größten Teil der Last des demografischen Wandels zu tragen hat. Diese Generation muss für die wachsende Zahl der heutigen Rentner Beiträge zahlen, wird selbst aber nur eine verringerte gesetzliche Rente erhalten und muss deswegen privat oder betrieblich für das Alter vorsorgen.

Spätere Generationen sind weniger oder gar nicht mehr betroffen. Denn ihre Rentenversicherungsbeiträge sind weitgehend steuerfrei gestellt. Die Älteren auf der anderen Seite der

Generationenskala bekommen noch einen verhältnismäßig großen Teil ihrer Rente steuerfrei ausgezahlt.

Besonders belastet: Selbstständige

Eine Gruppe ist besonders durch die Doppelbesteuerungsproblematik belastet, und zwar egal in welcher Generation, nämlich die Selbstständigen. Alle, die ihre Rentenversicherungsbeiträge vor 2005 alleine aufgebracht haben, also ohne Arbeitgeberanteil, haben einen wesentlichen Teil dieser Beiträge aus versteuertem Einkommen geleistet. Denn ihnen stand kein steuerfreier Arbeitgeberanteil zur Verfügung. Das Problem betrifft Handwerker, die in der gesetzlichen Rentenversicherung pflichtversichert sind, berufsständisch Versicherte, also Rechtsanwälte, Ärzte und andere in Kammern organisierte Berufe, und außerdem noch Selbstständige, die sich freiwillig gesetzlich versichert haben.

Die Selbstständigen konnten nach altem Recht zwar etwas mehr an Vorsorgeaufwendungen steuerlich geltend machen als die Arbeitnehmer, das dürfte ihren Nachteil gegenüber dem steuerfreien Arbeitgeberanteil aber in den meisten Fällen nicht wettmachen. Von dem Problem sind Selbstständige generell betroffen, egal wie alt sie sind. Ältere Selbstständige haben allerdings den Vorteil, dass ihre Renten noch verhältnismäßig gering belastet sind. Auch bei den Selbstständigen trifft es die mittlere Generation am härtesten. Je jünger ein Selbstständiger ist, desto weniger wird er nach altem Recht Rentenversicherungsbeiträge versteuert haben, sodass seine Belastung entsprechend geringer ausfällt.

Der Streit um die neuen Besteuerungsregeln

Das Bundesfinanzministerium widerspricht dem Vorwurf der Doppelbesteuerung. Das Ministerium geht davon aus, dass es nur in Einzelfällen zu einer Doppelbesteuerung kommt. Es setzt voraus, dass nach dem alten Recht ein größerer Teil der Rentenversicherungsbeiträge steuerfrei gezahlt wurden, vor allem aber betont das Ministerium, dass die Kritiker bei ihren Berechnungen den Grundfreibetrag, die Werbungskostenpauschale und die Sonderausgaben nicht berücksichtigen würden.

Die Argumentation des Bundesfinanzministeriums basiert darauf, dass es den Grundfreibetrag als steuerfreien Rentenzufluss wertet. Dieser Auffassung widerspricht wiederum die Mehrheit der Steuerexperten. Für sie ist der Grundfreibetrag das steuerfreie Existenzminimum, das allen Steuerzahlern zusteht. Deswegen kann es ihrer Auffassung nach nicht mit versteuerten Rentenbeiträgen verrechnet werden. Ähnlich verhält es sich mit der Bewertung des Krankenkassenbeitrages. Auch der wird vom Ministerium als steuerfreier Rentenzufluss betrachtet. Auch hier widersprechen die Experten.

Es hat erwartungsgemäß nicht lange gedauert, bis die ersten Verfahren zur neuen Rentenbesteuerung beim Bundesfinanzhof (BFH) gelandet waren. Die Beschlüsse und Urteile, die das höchste deutsche Finanzgericht bisher in dieser Angelegenheit gefällt hat, tragen allerdings nur wenig zur Klärung der oben ausgeführten Streitpunkte bei. Bislang hat der BFH die neuen Steuergesetze durchweg gebilligt, seine Entscheidungen aber mit einem etwas sibyllinischen Hinweis versehen. Die Aussage des BFH lautet vereinfacht zusammengefasst: Die neue Rentenbesteuerung ist verfassungsgemäß, solange es nicht zu einer Doppelbesteuerung kommt. Das heißt letztlich, dass der BFH eine wirkliche Entscheidung in die Zukunft verschiebt. Erst wenn ein Rentner in einigen Jahren oder Jahrzehnten nachweisen kann, dass seine Beiträge wie auch seine Rente mehrfach besteuert worden sind, sind die Richter bereit, das Problem der Doppelbesteuerung tatsächlich anzugehen.

Die erste Grundsatzentscheidung zur neuen Besteuerung der Alterseinkünfte war ein BFH-Beschluss vom 1. Februar 2006 (Az. X B 166/05). Hier hat der BFH festgestellt, dass die Beschränkung der Absetzbarkeit der Rentenversicherungsbeiträge verfassungsrechtlich unbedenklich sei. Am 8. November 2006 entschied der BFH, dass Rentenversicherungsbeiträge keine vorweggenommenen Werbungskosten der späteren Renteneinkünfte seien, sodass ihre Einordnung als Sonderausgaben rechtmäßig sei (Az. X R 11/05). Die Systemumstellung generell billigte der Bundesfinanzhof am 26. November 2008 mit seinem Urteil X R 15/07. Weitere Verfahren sind beim BFH anhängig. Auch das Bundesverfassungsgericht wird sich früher oder später dazu äußern, inwieweit die neuen Besteuerungsregeln verfassungsgemäß sind.

Tipps für rentennahe Jahrgänge

Wer zwar noch nicht in Rente ist, den Ruhestand aber sozusagen vor Augen hat, kann noch das ein oder andere Detail an seiner Steuerbelastung im Alter gestalten. Das betrifft, grob gesagt, die Geburtsjahrgänge von 1945 bis 1955. Sie haben noch einen gewissen Spielraum, weil ihnen zum einen etwas Zeit bis zum Renteneintritt bleibt und zum anderen die Steuerbelastung ihrer Rente noch verhältnismäßig niedrig ausfallen wird. Bei der Planung ihres Ruhestands sollten auch diese Gruppen die neuen Besteuerungsregeln beachten.

Rentenbeginn wählen

Je früher Sie in den Ruhestand gehen, desto niedriger fällt die Steuerbelastung Ihrer gesetzlichen Rente aus. Ein vorzeitiger Beginn der Rente führt, im Vergleich zum regulären Renteneintritt, zu einer etwas geringeren Steuerbelastung. Denn der Anteil der gesetzlichen Rente, der zum zu versteuernden Einkommen gezählt wird, wächst von Kalenderjahr zu Kalenderjahr an. Deswegen wird derjenige weniger mit Steuern belastet, der früher in Rente geht. Auf der anderen Seite führt aber ein früher Rentenbeginn in der Regel zu erheblichen Kürzungen der Rente. Hier müssen Sie genau nachrechnen, was für Sie besser ist. In vielen Fällen dürften die Rentenabschläge höher ausfallen als die Steuerersparnis. Außerdem müssen Sie überhaupt die Möglichkeit haben, vorzeitig in den Ruhestand zu gehen. Das ist mittlerweile nicht mehr ohne weiteres machbar. Viele Wege in den vorzeitigen Ruhestand laufen aus, werden eingeschränkt oder werden finanziell nicht mehr so gut ausgestattet wie früher.

Wenn Sie aber sowieso darüber nachdenken, vorzeitig in Rente zu gehen, dann sollten Sie die Steuerbelastung nicht außer Acht lassen. Die Rentenabschläge wegen eines frühzeitigen Rentenbeginns wiegen, wie gesagt, in der Regel schwerer als die geringere Steuerbelastung, aber umgekehrt mindert die höhere Steuerbelastung gegebenenfalls auch die Rente, die Sie später in voller Höhe beziehen. Wer also überlegt, vorzeitig die gesetzliche Rente zu beantragen, findet in der ansteigenden Steuerbelastung ein Argument für den früheren Ruhestand. Eine vorzeitige Altersrente wird Schwerbehinderten gewährt und langjährig Versicherten. Bis zum Geburtsjahrgang 1951 besteht außerdem noch die Möglichkeit, die Altersrente für Frauen zu nutzen, die ebenfalls vorzeitig beginnen kann. Dasselbe gilt für die Altersrente nach Arbeitslosigkeit oder Altersteilzeit.

WISO rät

Wenn Sie über eine vorgezogene Altersrente nachdenken, sollten Sie auch die künftige Steuerbelastung berücksichtigen.

Bei der Zuordnung des Besteuerungsanteils ist nicht entscheidend, ab wann tatsächlich eine Rente gezahlt wird, sondern ab wann Ihnen eine Rente zusteht (siehe Abschnitt *Besteuerungsanteil*). Das heißt, selbst wenn Sie keine Rente gezahlt bekommen, weil Sie noch zu viel verdienen, die Rente also mit Ihrem Lohn oder Gehalt verrechnet wird, gilt trotzdem der Besteuerungsanteil des Kalenderjahres, ab dem Sie einen Rentenanspruch haben. Insofern kann es sich aus steuerlicher Sicht lohnen, den Rentenantrag frühzeitig zu stellen, obwohl man plant, noch etwas länger zu arbeiten. Aber auch in solchen Fällen müssen Sie prüfen, wie sich Rentenabschläge auswirken.

Rund um den Rentenbeginn Geld steuersparend anlegen

Wer kurz vor der Rente steht und darüber nachdenkt, wie er seine Ersparnisse für seine Altersversorgung nutzt, sollte sich auch über die Besteuerungsregeln der Basisrente und der privaten Rente informieren. Hier besteht nämlich die Möglichkeit, Steuern zu sparen. Das gilt insbesondere für wohlhabende Ältere, die demnächst in den Ruhestand gehen wollen. Wenn eine Kapitallebensversicherung ausgezahlt oder eine Eigentumswohnung verkauft wurde, dann ist ein größerer Betrag Geld vorhanden, den man vielleicht nicht nur gewinnbringend, sondern auch steuersparend anlegen möchte.

Unter steuerlichen Gesichtspunkten ist eine private Rentenversicherung ein Weg, fürs Alter vorzusorgen, ohne die Steuerbelastung wesentlich zu erhöhen. Denn private Renten sind steuerlich mit am geringsten belastet. Sie werden nach dem Ertragsanteil besteuert und der liegt in der Regel ziemlich niedrig (siehe Abschnitt *Ungeförderte private Altersrenten*). Wer beispielsweise mit 65 Jahren in den Ruhestand geht, bekommt einen Ertragsanteil von 18 Prozent zugeordnet. Das heißt, nur 18 Prozent der Privatrente fließen dem zu versteuernden Einkommen zu, der Rest bleibt für das Finanzamt außen vor. Deswegen ist eine private Rentenversicherung für wohlhabende Ältere, die in der Rentenzeit sowieso schon Steuern zahlen müssen, steuerlich ein attraktives Angebot.

Dabei würde man nicht wie ein jüngerer Versicherungsnehmer über Jahre und Jahrzehnte hinweg regelmäßig kleinere Beträge einzahlen, sondern einen oder mehrere größere Beträge auf einmal. Das nennt man dann eine Sofortrente. Man zahlt eine große Summe ein, und die Rente beginnt sofort danach oder nur kurz aufgeschoben.

Bevor Sie aber einen Vertrag über eine private Rentenversicherung abschließen, sollten Sie unbedingt die Angebote vergleichen. Es gibt große Unterschiede. Denken Sie daran, dass nur die garantierte Rente wirklich sicher ist. Die Überschussanteile können komplett gestrichen werden. Und bedenken Sie auch, dass Sie Ihr Geld für viele Jahre festlegen. Ein solcher Vertrag lässt sich normalerweise nur mit Verlusten vorzeitig beenden.

WISO rät

Vergleichen Sie die Sofortrenten-Angebote gründlich, denn Sie legen sich mit einem Vertrag für Jahrzehnte fest.

Sie können auch höhere Beträge in eine Basisrente einzahlen. Diese Beiträge werden steuerlich gefördert. Wer beispielsweise 2010 Basisrentenbeiträge zahlt, muss nur auf 30 Prozent dieses Geldes Steuern zahlen. Das ist der Vorteil gegenüber der Privatrente, deren Beiträge voll besteuert werden. Im Alter allerdings müssen Sie Ihre Basisrente genauso wie Ihre gesetzliche Rente versteuern. Die Steuerbelastung einer Basisrente ist im Alter also höher als die einer Privatrente. Die Entlastung der Basisrentenbeiträge fällt allerdings derzeit noch etwas größer aus als die Steuerbelastung der Basisrente im Alter. Von daher bleibt ein kleiner Vorteil. Wenn beispielsweise ein älterer Arbeitnehmer von 2010 bis 2014 jeweils größere Beträge für eine Basisrente einzahlt, sind 70 bis 78 Prozent dieser Zahlungen steuerfrei. Wenn er dann 2015 in den Ruhestand geht, muss er seine Basisrente nur zu 70 Prozent versteuern. Wer also lieber am Ende seiner Berufstätigkeit Steuern sparen will und im Ruhestand eine etwas höhere

Steuerbelastung hinnehmen kann, für den kommt die Basisrente infrage.

Um sich zwischen der Privatrente oder der Basisrente zu entscheiden, müssen Sie viel rechnen. Letztlich kommt es darauf an, ob Sie lieber im Ruhestand die Steuerbelastung begrenzen wollen, das spricht für die Privatrente, oder lieber noch einmal am Ende Ihrer Berufslaufbahn dem Finanzamt ein Schnippchen schlagen wollen, dann sollten Sie über eine Basisrente nachdenken. Die Basisrente hat allerdings noch den Nachteil, dass sie an ein strenges Regelwerk gebunden ist: Sie kann beispielsweise nicht so einfach vererbt werden, und die Beiträge, die steuerlich geltend gemacht werden können, sind derzeit auf 14 000 bis 16 000 Euro im Jahr beschränkt, abzüglich der Beiträge zur gesetzlichen Versicherung, die in diesen Rahmen mit eingerechnet werden.

Wenn Sie allerdings schon Rentner sind, zahlen Sie natürlich keine Beiträge mehr an die gesetzliche Rentenversicherung. Dann haben Sie viel mehr Spielraum, Basisrentenbeiträge steuerlich geltend zu machen. Deswegen können Senioren, die gerade in Rente gegangen sind, mit der Basisrente Steuern sparen. Sie zahlen dann noch ein paar Jahre höhere Beträge in eine Basisrente, während ihre gesetzliche Rente schon läuft. Die Basisrentenbeiträge können, wie oben beschrieben, steuerlich abgesetzt werden. Wenn die Basisrente dann ausgezahlt wird, unterliegt sie denselben Besteuerungsregeln wie die gesetzliche Rente. Das kann sich für wohlhabende Senioren steuerlich lohnen.

Register